Über die Freude

Bücher von Harry Eilenstein:

- Astrologie (320 S.)
- Photoastrologie (64 S.)
- Handbuch für Zauberlehrlinge (408 S.)
- Die Chakren (100 S.)
- Der Lebenskraftkörper (230 S.)
- Meditation (140 S.)
- Drachenfeuer (120 S.)
- Hathor und Re:
    Band 1: Götter und Mythen im Alten Ägypten (432 S.)
    Band 2: Die altägyptische Religion – Ursprünge, Kult und Magie (396 S.)
- Muttergöttin und Schamanen (140 S.)
- Christus (60 S.)
- Odin (284 S.)
- Kursus der praktischen Kabbala (150 S.)
- Eltern der Erde (450 S.)
- Blüten des Lebensbaumes:
    Band 1: Die Struktur des kabbalistischen Lebensbaumes (370 S.)
    Band 2: Der kabbalistische Lebensbaum als Forschungshilfsmittel (580 S.)
    Band 3: Der kabbalistische Lebensbaum als spirituelle Landkarte (520 S.)
- Über die Freude (100 S.)
- Das Geheimnis des Seelenfriedens (252 S.)
- Von innerer Fülle zu äußerem Gedeihen (52 S.)

Kontakt

www.HarryEilenstein.de
Harry.Eilenstein@web.de

Impressum:

Copyright: 2009 by Harry Eilenstein
Alle Rechte, insbesondere auch das der Übersetzung, vorbehalten. Kein Teil des Buches darf ohne schriftliche Genehmigung des Autors und des Verlages – nicht als Fotokopie, Mikrofilm, auf elektronischen Datenträgern oder im Internet – reproduziert, übersetzt, gespeichert oder verbreitet werden.
Herstellung und Verlag: Books on Demand GmbH, Norderstedt
ISBN: 9783839112892

Für Frank Duval
und meine Tochter Susanna

Inhaltsverzeichnis

Vorwort

Freude und die Suche nach Freude ist im Vergleich zum Leid und dem Vermeiden von Leid oft eine relativ unbedeutende Motivation für das Handeln. Meistens führen zwar das Vermeiden von Leid und die Suche nach Freude in eine ähnliche Richtung, aber in dem ersten Fall wartet man passiv, bis das Leid einem zeigt, daß es fast zu spät ist, etwas zu tun, und in dem zweiten Fall strebt man aktiv auf das zu, was man sich für die Zukunft wünscht.

Dieses Buch ist mein Versuch, das Wesen der Freude zu ergründen und den Weg zu einem Leben in Freude zu beschreiben. Einer der wichtigsten Punkte dabei ist es, "auf dem Altar der Erkenntnis wieder das Feuer der Begeisterung zu entfachen". Für mich war mein voriges Buch "Eltern der Erde" das Streben nach Erkenntnis, der Versuch, mich und meinen Ort in der Welt zu verstehen. Das Schreiben dieses Buches über die Freude ist nun für mich die Verwandlung dieser Erkenntnisse in Tatkraft gewesen.

Es würde mich freuen, wenn die Gefühle, Gedanken und Bilder in diesem Buch einigen Leserinnen und Lesern helfen würden, einem Leben in Freude wieder etwas näher zu kommen.

Mut, einen Weg mit Herz zu gehen!

Harry Eilenstein

I Die Quelle

Freude, ungetrübte Freude kann man fast nur im Spiel der Kinder finden. Bei Erwachsenen ist eher selten. Dies ist keine neue Entwicklung, denn warum sonst würden fast alle Religionen den Menschen ein besseres Jenseits versprechen, ein Paradies am Ende des irdischen Jammertals? Vor allem das Christentum und der Buddhismus gehen soweit, das Leben explizit als Leid aufzufassen.

Was ist nun eigentlich Freude? Ist sie eine gelegentliche Schicksalsfügung, eine Frucht der kindlichen Unwissenheit, oder eine Phantasie, die die Menschen am Leben erhalten und ihnen helfen soll, ihre Hoffnung nicht aufzugeben? Wie groß ist die Chance, in Freude zu leben?

Ist die Freude eigentlich ein notwendiger Bestandteil des Lebens (und die Möglichkeit, sie zu erreichen somit etwas halbwegs Verläßliches?) Wenn man vom Blickwinkel von Mutation und Selektion her schaut, erscheinen nur das Vermeiden von Leid, also die Angst vor Gefahren, sowie das Streben nach der Erhaltung des eigenen Körpers und die Fortpflanzung, also die Gier nach Nahrung und Sex, als sinnvolle und notwendige Bestandteile der Psyche. Nun sind Angst und Gier zwar die Motivation fast aller menschlichen Handlungen, aber sie sind offensichtlich nicht die Quelle der Freude.

Was könnte nun diese Quelle der Freude sein? Woraus entsteht dieses Gefühl, das auch ohne klar ersichtliche Funktion für die Evolution zu existieren scheint? Was kann man als Wurzeln der Freude finden, wenn man in sich hineinhorcht, seine schönen Erinnerungen betrachtet?

Es ist zunächst eine Vielfalt von Situationen, Gefühlen und Erlebnissen, die dabei in einem aufsteigen kann: ein Spaziergang, ein Wiedersehen mit einem guten Freund, ein Konzert, ein Tanzabend, ein fertig gemaltes Bild, ein Ballspiel mit dem eigenen Sohn, der Duft einer Blume ... oft sind es Kleinigkeiten, nichts was lebensnotwendig wäre, und oft ist damit das Gefühl verbunden "mir fällt eine Last von den Schultern".

Während die Angst etwas flieht und die Gier etwas haben will, nimmt die Freude eher an etwas teil, schwingt mit, öffnet, weitet. Angst schreit und weint, Gier brüllt und stöhnt, Freude singt und lacht. Angst und Gier wollen etwas, sie sind Kraft und Tat, prägen die Welt; Freude hingegen ist nicht so zielgerichtet, sie ist Rhythmus, Bewegung, Musik, Genießen.

Freude ist in Harmonie sein, teilnehmen; Freude ist das freie Fließen der Lebenskräfte, ist unbeschwerter Tanz; Freude entsteht durch Übereinstimmung, durch das Erleben von Harmonie, durch das Gefühl "so ist es richtig".

Diese "Richtigkeit" war in den älteren Religionen vor dem Monotheismus und in vielen heutigen "Naturreligionen" wie z.B. dem Glauben der Indianer und der afrikanischen Völker der zentrale Wert. Die Ägypter aus der Zeit der Pharaonen nannten diese Richtigkeit, diese angestrebte Übereinstimmung von innen und außen, von Ich und Welt "Ma'at", die Sumerer nannten es "Me", die Inder "Rita" oder "Dharma", und die Tibeter nennen es "Tashi" und die Navahos "Hozong". Oft wird diese Qualität als eine Eigenschaft oder gar das eigentliche Wesen der "Mutter aller Dinge", der "Großen Göttin" angesehen: sie gibt Geborgenheit, sie gibt Klarheit über den eigenen Weg, sie gibt Vertrauen, und sie gibt Gedeihen.

Auch der chinesische Begriff Tao, wörtlich "Weg", und das hebräische "Shalom" sowie das arabische "Salam", die meist vereinfacht mit "Frieden" übersetzt werden, sind Bezeichnungen für diese Richtigkeit.

Was ist nun dieser Einklang und diese Richtigkeit, mit was steht der Mensch, der sich freut, in Einklang, was ist das Maß für diese Richtigkeit, und warum hat diese Richtigkeit die Macht, Freude zu spenden, wenn man sie erlangt?

Der Bereich der Angst und der Gier, also die Wirkungsweise von Egoismus und Selbsterhaltung, sind in den letzten 100 Jahren durch die Psychologie gut erforscht worden und sind heute ein weites und detailreiches Wissensgebiet. Das Wesen der Freude und das Prinzip der Richtigkeit sind früher allgemein bekannt gewesen, aber sie sind in der heutigen westlichen, zivilisierten Welt fast vergessen worden.

Daher liegt die Vermutung nahe, daß diese "alte Betrachtungsweise" noch mehr umfaßt haben wird als nur die Freude und die Richtigkeit. Wenn diese alte Betrachtungsweise genauso auf der Realität beruht wie die Theorien über Gier und Angst, müßte auch diese alte Betrachtungsweise etwas zum Verständnis der vielfältigen Phänomene des Lebens beitragen können.

Es ist daher naheliegend, einmal zu schauen, welche Erscheinungen es noch gibt, die sich mit dem heutigen naturwissenschaftlichen Weltbild nur schlecht oder gar nicht erklären lassen. Die auffälligste dieser ungeklärten Erscheinungen ist der Schlaf.

Der Schlaf dient nicht, wie oft angenommen wird, der Regeneration, und er ist auch kein Erschöpfungszustand. Beide Annahmen sind von der Schlafforschung widerlegt worden. Der Schlaf muß aber etwas sehr Notwendiges sein, denn sonst hätte ihn die Evolution längst ausgemerzt. Er ist sogar ein Phänomen, das erst im Laufe der Evolution entstanden ist: Einzeller, Wirbellose und Wirbeltiere bis hin zu den Fischen schlafen gar nicht, Amphibien und Reptilien kennen schon Ruhephasen, und richtiger Schlaf tritt erst bei den Säugetieren und Beuteltieren auf.

Solange sich das Leben in der ewig gleichen Temperatur des Meeres abspielte, gab es keinen Wachen-Schlafen-Rhythmus. Als die Amphibien diese Urheimat allen Lebens teilweise verließen und sich dann zu den vom Leben im Wasser ganz unabhängigen Reptilien weiterentwickelten, findet sich der Wechsel von kalt und warm in ihrer neu eroberten Umwelt in ihnen selber als der Wechsel zwischen der aktiven Phase des warmen Tages und des Sommers und der Ruhephase der kalten Nacht und des Winters wieder.

Die nächste Entwicklung war die "Erfindung" der konstanten Körpertemperatur, das das Aufwachsen der Nachwuchses in einer Körperhöhle (Gebärmutter bzw. Beutel), das Säugen mit Milch und das Sozialverhalten. Diese recht verschiedenen, aber gleichzeitig auftretenden Phänomene stehen offenbar auch im Zusammenhang mit dem Schlaf, da er ebenfalls zu genau diesem Zeitpunkt entstand - alle Säugetiere und Beuteltiere schlafen, ohne Ausnahme.

Der Schlaf selber besteht aus zwei Teilen: dem Träumen und dem Tiefschlaf. Wenn man Testpersonen systematisch beim Träumen stört, aber beim Tiefschlaf in Ruhe läßt (diese beiden Schlafphasen lassen sich durch ein EEG leicht unterscheiden), werden die kreativen Fähigkeiten wie musizieren, komplexe Situationen erfassen oder schnelles Urteilen stark beeinträchtigt, während z.B. die Fähigkeit zu rechnen nur wenig gemindert wird. Wird umgekehrt der Tiefschlaf systematisch gestört, aber die Traumphasen verschont, treten schnell große Bewußtseinsstörungen, Erschöpfung und eine Lähmung des Willens auf. Entsprechend wird nach Schlafentzug auch der Tiefschlaf bevorzugt nachgeholt, da er offenbar der wichtigere, grundlegendere Teil des Schlafes ist.

Bei den verschiedenen Säuge- und Beuteltieren ist die Länge der Tiefschlafphasen ungefähr gleich, während die Traumphasen sehr verschieden lang sind und bei ausgesprochenen Kurzschläfern wie z.B. den Giraffen sehr reduziert sind, was ebenfalls die Wichtigkeit des Tiefschlafes betont.

Aus der Beschäftigung mit Träumen ergibt sich, daß im Traum die Erlebnisse des Tages der inneren Bilderwelt zugeordnet werden - man "verdaut" den Tag und gewinnt dadurch seine Orientierung wieder: "Erst mal drüber schlafen!" Das Träumen ist also der Kunst, dem Erzählen von Erlebnissen, dem Lesen von Märchen, Sagen und Mythen und ähnlichem vergleichbar, da auch sie das Erlebte mit Hilfe von Assoziationen, Symbolen und Gleichnissen in die innere Bilderwelt einordnen.

Auch zu dem Tiefschlaf gibt es eine Parallele: den durch Meditation erreichbaren Zustand der Gedankenstille. Dieses reine Bewußtsein, das keine Gedanken, Gefühle oder Bilder enthält, ist offensichtlich ein "bewußter Tiefschlaf". Daher zeigt dieser Zustand im EEG auch genau dasselbe Diagramm wie der Tiefschlaf. Ein weiterer Hinweis auf die Gleichartigkeit von Tiefschlaf und "Gedankenstille" ist der Umstand, daß einige Yogis, die diese "innere Leere" beherrschen, keinen Schlaf mehr benötigen.

Dieser Meditationszustand ist von den Methoden her, wie man ihn erreicht, und auch von der Art her, wie man ihn erlebt, eine Rückkehr zu den Wurzeln der eigenen Persönlichkeit.

Im Alltag ist man ja nur allzuoft von diesem inneren Kern getrennt: man ißt etwas, obwohl man eigentlich müde ist; man ist müde, um die eigenen Gefühle nicht mehr wahrzunehmen; diese Gefühle, die z.B. Wut sein können, beruhen auf Enttäuschungen in einer Beziehung; die Beziehung scheiterte, weil man sich an den Partner klammerte; das Klammern entstand aus Verlustangst; und hinter dieser Angst steht letztlich das Bedürfnis nach Kontakt zu anderen Menschen.

So koordiniert man in seinem Alltag fast immer nur die äußeren Hüllen seiner Persönlichkeit, hinter denen die ursprünglichen Motivationen verborgen liegen und häufig völlig unbewußt bleiben.

In dem Zustand der Gedankenleere, der mit dem Erlebnis eines "Erwachens" aus dem Alltagsbewußtsein und mit der Begegnung mit dem eigenen "Schutzengel", also mit dem, was sich in einem inkarniert und als Persönlichkeit entfaltet hat, verbunden ist, sind nun die eigentlichen Motivationen und Bedürfnisse koordiniert. Daher wird dieser Zustand als Wärme, Erfülltsein, Glück, Mühelosigkeit, Einheit mit dem Schutzengel, völlige Gewissheit darüber, wer man ist, und Harmonie mit allen Dingen erlebt. Diesen "paradiesischen" Zustand erlebt man offenbar jede Nacht (leider unbewußt) auch in seinen Tiefschlafphasen.

Der Tiefschlaf ist also dadurch notwendig geworden, daß die Säuge- und Beuteltiere durch ihr weiter entfaltetes Großhirn ein Bewußtsein entwickeln konnten, daß sehr komplex und zum Überleben sehr nützlich ist, daß aber aufgrund seiner Komplexität schnell den Anschluß an die eigentlichen Motivationen und Bedürfnisse verliert und daher den Tiefschlaf bzw. die Meditation benötigt, um den Kontakt wieder herzustellen. Der Tiefschlaf und die Meditation entsprechen dem Stimmen einer Geige, die sich durch langes Spielen verstimmt hat.

Die Entwicklung hin zu den Warmblütern ist in zweifacher Hinsicht ein Selbständig- und Unabhängigwerden: 1. das Verlassen der Urheimat des Meeres mit der Entwicklung der konstanten Körpertemperatur und der Erschaffung einer neuen Heimat, der Sippe, des Rudels, der Horde, verbunden mit dem Heranwachsen der Nachwuchses in einer Körperhöhle und dem Säugen; und 2. das Entwickeln eines eigenständigen Bewußtseins, das nicht mehr nur von Wahrnehmungen, sondern auch von deren Verarbeitung, also von Gedanken und dem aus ihm entstehenden Selbstbild, dem Ich, geprägt ist.

Die Delphine sind Säuger, die wieder ins Meer zurückgekehrt sind. Da sie ertrinken würden, wenn sie schlafen würden, ist bei ihnen abwechselnd die eine Hirnhälfte wach, während die andere schläft - sie befinden sich also in demselben Zustand wie ein Yogi in der Gedankenstille: gleichzeitig im Wachbewußtsein und im Tiefschlaf, also gleichzeitig in der Wahrnehmung der Welt und im Kontakt zum Kern der eigen Persönlichkeit. Daher wird die Wirkung des Spielens mit Delphinen oft mit der Wirkung von Zen-Meditationen, die die Gedankenstille anstreben, verglichen, und daher ist das Spielen mit Delphinen auch eine so effektive Therapie bei Depressionen und Autismus.

Die Verwandtschaft zwischen Freude und Schlaf liegt darin, daß beides Integrationsvorgänge sind. Bei der Freude führt die Einordnung in einen größeren Zusammenhang – technisch gesagt, zu einem höheren Energieniveau. Beim Schlaf führt zum einen die Einordnung der Tageserlebnisse durch die Träume in die innere Bilderwelt und zum anderen die Bewertung und der Tageserlebnisse durch den Wesenskern im Tiefschlaf zu einem erhöhten Energieniveau, eben dem "Ausgeschlafensein".

Sowohl die Freude als auch der Schlaf sind Vorgänge, die von Hingabe geprägt sind, wie man an ihrem Mangel leicht erkennen kann: Angespanntheit führt zu Schlafstörungen und Verbissenheit führt zu Freudlosigkeit.

Regenerations- und Erhaltungsprozesse haben in Bezug auf das Bewußtsein offenbar eine andere Dynamik als in Bezug auf den Körper. Der Körper hat einen Drang zum Zerfallen, da eine Komplexität aufgebaut wurde, deren Erhalt Energie erfordert. Ebenso hat das Bewußtsein den Drang zu zerfallen, da auch hier eine Komplexität aufgebaut wurde, deren Erhalt Energie erfordert. Für den Körper besteht daher die Notwendigkeit der Nahrungsaufnahme, d.h. des Abbaues von dem Körper zugeführten energiereichen Substanzen, um deren Energie für die eigenen Zwecke zu verwenden. Für das Bewußtsein besteht hingegen die Notwendigkeit des Schlafes, d.h. der Wiederherstellung des Einklanges mit dem übergeordneten System, also des "Wiedereinstimmens auf den Persönlichkeitskern".

Daraus ergibt sich, 1. daß die Welt als Materie eine Vielfalt ist, die sich unter Energieverbrauch zusammenfügt und zu größeren Einheiten organisiert und daher die Tendenz zur Rückkehr zur Vielheit in sich trägt - hierin liegt die Unausweichlichkeit des Todes begründet; und 2. daß die Welt als Bewußtsein eine Einheit ist, die sich unter Energieverbrauch differenziert und daher die Tendenz zur Rückkehr zur Einheit in sich trägt - hierin liegt die Möglichkeit, zur Erleuchtung zu gelangen, begründet.

Dies ist genau das, was alle Mystiker erfahren haben: Die Welt ist nur in Bezug auf ihre Außenseite die Vielfalt der Materie, aber in Bezug auf ihre Innenseite ist sie die Einheit des Bewußtseins.

Und die bewußte Rückkehr zur Einheit ist die Quelle der Freude.

"Erkenne Dich selbst!" steht am Orakel zu Delphi.
Buddha riet: "Frage Dich jeden Tag, wer Du bist und was Du willst!"
"Prüfe Deine Motivationen!", wie der alte Lama zu sagen pflegte...

Weiß ich, wohin ich gehen will?
Auf welche Art ich leben will?
Was kann das sein, was mir die Antwort gibt?
Meine Mitte, der Same im Anfang, im Zentrum,
der sich in meinem Leben entfalten will,
zum Baum werden will ...

Welche Farbe hat dieser Same,
welchen Klang,
welchen Geschmack,
welchen Namen?

Was kann entstehen, wenn er in die Erde dieser Welt gepflanzt wird?
Was ist bisher aus ihm entstanden?
Und was kann noch aus ihm entstehen?

Leuchtet seine Farbe klar in der aus ihm entstandenen Gestalt?
Hört ihr den Klang des Samens deutlich in meinen Worten?
Sind alle meine Taten von seinem Geschmack geprägt?
Leuchtet das Licht des Samens in meinem Herzen
und wird seine Wärme zu einem Segen
für alle und alles, was mir begegnet?

Ist das Licht dieses Samens
*   in meinem Herzen leidend in Dunkelheit gefangen,*
oder leuchtet das Licht dieses Samens
*   in meinem Herzen voller Freude in die Welt hinaus?*

II Egoismus

Freude entsteht durch den Einklang zwischen innen und außen. Also ist der Weg zur Freude wie das Stimmen eines Instrumentes. Und dieses Instrument ist man selbst. Was in einem selber aber ist es nun genau, das man stimmen kann, um den Zustand der Freude zu erlangen, und wie kann man dies tun?

"Du Egoist!" ist sicher nur selten als Lob gemeint - und das beschreibt auch schon, in welcher Weise "unser Instrument" verstimmt ist. Das, womit man sich im Alltag meistens beschäftigt, hat nur selten allzuviel Tiefe. Das liegt aber nicht daran, daß man gerade ein Fahrrad reparieren, seine Einkommensteuererklärung ausfüllen oder seinem Sohn die Windeln wechseln muß, sondern es liegt an der Art, wie man es tut. Zu welcher Handlung hat man sich wirklich entschieden? Bei welcher Handlung ist man mit ganzem Herzen dabei? Oft wäre man froh, wenn's doch endlich fertig wäre, oder man sehnt sich nach etwas Unerreichbarem. Und bei näherem Hinsehen entpuppt sich vieles als Ersatzbefriedigung und Übersprungshandlung, als von Sucht und Askese, von Angst und Gier bestimmt.

Es ist kaum anzunehmen, daß dies eine Grundlage für das Aufblühen von Freude sein kann, zumal erfahrungsgemäß das äußere Erleben immer ein Spiegelbild des inneren Zustandes ist. - "Wie man in den Wald hineinruft, so schallt es heraus."

Verborgenes, Verdrängtes und Verzerrtes im Inneren und ein ebensolches äußeres Spiegelbild, das evtl. zudem noch als "böse Welt" abgelehnt wird - das ist ein verstimmtes Instrument, auf dem man keine Melodien der Freude spielen kann.

Fast jeder kennt Essen aus Frust und weiß, daß es nichts bringt, aber hört man deshalb damit auf? Genau das ist der springende Punkt. Ein Bedürfnis wird nicht erfüllt und es wird ein verwandtes Bedürfnis erfüllt, wobei man beim Frustessen dummerweise gar keinen Hunger hat und die ersehnte Erfüllung somit ausbleibt. Man läßt sich also durch die äußeren Umstände von dem ablenken, was man eigentlich will. Die Ursache dafür ist meist, daß man den Schmerz eines unerfüllten Bedürfnisses nicht zu ertragen können glaubt. Aus dieser oft angstbesetzten Konstellation entwickeln sich dann schnell Sucht und Askese.

Der erste Schritt beim Stimmen des Instrumentes ist also das Innehalten und das Prüfen, was von dem, was man tut, man wirklich will. Und der zweite Schritt lautet: Der sicherste Weg, das zu erreichen, was man will, ist nichts anzunehmen, was man nicht will.

Nun erscheint einem das, was man will, oft bedrohlich, unmoralisch, unmöglich oder auf sonst eine Art wenig empfehlenswert, und man paßt sich deshalb an und hält sich für vernünftig. Was fehlt, ist also Mut, insbesondere der Mut, seinen eigenen gefürchteten Gefühlen und der Reaktion der Mitmenschen zu begegnen.

Da hilft nur Egoismus. Wie bei fast allem ist es auch beim Egoismus sinnvoll, ihn einmal genauer zu betrachten und zu schauen, welches Niveau er in einem konkreten Fall hat.

Egoismus ist der Wille, das Beste für sich zu erreichen. Auf seine Wurzel zurückgeführt, ist Egoismus der Wille, sich zu erhalten, auszudehnen und zu vermehren. Diese Eigenschaft ist eine notwendige Fähigkeit von allem, was existiert: nur was sich heute selber erhält und behauptet, wird es auch morgen noch geben - dies ist das grundsätzliche Ja zu sich selber und auch zur Welt. Jede andere Einstellung als diese Selbstbejahung führt zur Selbstauflösung. Das gilt für Atome und Sterne genauso für Menschen, Tiere und Pflanzen.

Jede Handlung hat an ihrer Wurzel dieses Ja, aber die vielschichtigen Motivationsfolgen im Wechselspiel zwischen Willen und Umwelt, die in der Psyche stattfinden, führen oft zu Handlungen, an denen der ursprüngliche Wille nicht mehr zu erkennen ist. Diese Entfernung zwischen dem ursprünglichen Willen und der daraus resultierenden Handlung ist ein Maß für das Niveau des Egoismus. Das sich Einlassen auf das Frustessen zeugt von einem deutlich niedrigeren Niveau des Egoismus als der Beginn einer Therapie wegen der eigenen Eßstörungen.

Das Erhöhen des Niveaus des Egoismus bis dahin, daß das grundlegende Ja in allen Handlungen erstrahlt, ist das Stimmen des Instrumentes. Dazu braucht es Mut und Einsicht.

Einsicht läßt die Folgen der eigenen Taten klarer erscheinen und führt zu einem sinnvollerem Handeln, das auf der Grundlage eines niveauvollen, also klaren und direkten Egoismus eine menschenfreundliche, auf das Wohl des Ganzen bedachte und ökologisch verantwortungsvolle Handlungsweise entstehen läßt.

Der 14. Dalai Lama hat zu diesem Thema einmal mit seinem typischen

Humor gesagt: "Auch die Boddhisattvas sind Egoisten, obwohl sie nur das Allgemeinwohl anstreben - denn sie wissen, daß das auch ihr eigenes größtes Wohl ist."

Handeln entsteht aus einem Entschluß; Entschlüsse entstehen aus der Einsicht; Einsicht braucht das Denken und entsteht aus der Verbindung der Gedanken mit dem Egoismus, mit dem Willen.

Mut braucht Hoffnung; oder er braucht die Einsicht, daß es nur eine richtige Handlungsweise gibt: das anstreben, was man als sein Innerstes erkennen kann - und dies so direkt und klar und eindeutig und gradlinig wie möglich.

Je näher man mit seinem Handeln an das grundlegende Ja kommt, umso "einsgerichteter" und somit effektiver werden die Taten. Und umso stärker kommt der Zwillingsbruder des einsgerichteten Handelns zum Vorschein: der Humor.

Auf diesem Weg des "Stimmens des Instrumentes" wird der Alltag immer mehr von Wahrheit, Wirklichkeit und Ursprünglichkeit geprägt und die "Wiederverzauberung der Welt" wird immer deutlicher: Je klarer und echter ein Wunsch ist, desto größer ist seine Kraft; und ein Wunsch, der durch kein "Ja, aber..." mehr entstellt wird und ganz aus der innersten Quelle fließt, erfüllt sich in kürzester Zeit, auch wenn es dazu noch so vieler merkwürdiger Zufälle bedarf.

Lao-tse nannte diese Einsgerichtetheit "Tao", die Methode des Nicht-Verzerrens des Ursprünglichen "Wu-Wei" wörtlich: (Nicht-Tun), und den aus dem Tao entstehenden, freudeerfüllten Einklang und die mit diesem verbundene mühelose, spontane Wunscherfüllung "Te", die in China oft als die "Wunschperle" in der Klaue eines Drachen dargestellt wird. Diese drei zusammen nennt man hier im Abendland meistens Magie.

Alles, was ich denke, sage, tue,
  ist ein Kind meines Willens
Manchmal ist die Frucht des Willens verzerrt,
  schwarz statt weiß,
  süß statt sauer,
  kalt statt heiß ...
und manchmal ist in der Frucht
  der Same des Willens nicht mehr zu erkennen ...
Wenn doch ein Wind
  die Nebel zwischen dem Samen innen
    und den Taten außen fortwehen würde!
Wenn doch eine Flut
  die Irrungen und Verzerrungen
    fortspülen würde!
Wenn doch ein Feuer
  die Mauern aus Ängsten
    verbrennen würde!

Aber ich segne euch,
  ihr Irrwege, die ihr nun Sackgassen geworden seid,
    denn ihr alle wart Versuche, zu leben
      und zu überleben ...
Ich aber lebe jetzt und hier
  und ich habe mich geändert
    und die Welt hat sich geändert
      und was früher eine gutgemeinte Brücke war,
        ist nun oft eine hohe Mauer ...
Ihr Irrungen und Brücken und Mauern!
  seid auch ein Teil von mir!
Ich rufe euch in die Gegenwart!
  Werft eure Erstarrung ab!
  Atmet und fließt und weitet euch wieder
  und wandelt eure Gestalt!
Besinnt euch auf das, was ihr wollt: leben!
  Werdet wieder Flammen des einen Feuers!

Das Verborgene an mir
* will ich wieder richten,*
Das Verborgene an mir
* will ich wieder ans Licht holen,*
Sucht und Askese auflösen
* und im rechten Maß leben.*

Und bei allem dem Lied in mir lauschen
und hinter allen Klängen
* wieder den innersten Ton hören:*
*   das "Ich bin."*

III Verwandlungen

Freude erlangt man, indem man echter wird und seine innerste Wahrheit lebt, denn nur wenn man seine innere Wirklichkeit erkennt und sie von den Schatten der Angst, dem Flackern der Sucht, den Nebeln der Ersatzbefriedigungen und allen anderen Verzerrungen reinigt, kann die so wieder freigelegte innere Wirklichkeit in Resonanz mit der äußeren Wirklichkeit treten. Diese Resonanz tritt zuerst innen als Freude auf, wenn alle Teile der Persönlichkeit wieder auf den Ton der innersten Quelle gestimmt sind, und sie tritt danach im Außen als spontane, mühelose Wunscherfüllung auf, da der nun durch die Einsgerichtetheit kräftige innere Ton ein Echo in der äußeren Wirklichkeit hervorruft.

Wie kann man nun einen freudearmen Zustand in einen Zustand voller Freude verwandeln? Buddha hat schon vor gut 2.600 Jahren erklärt, daß eine Veränderung nur erlangt werden kann, wenn vier Voraussetzungen erfüllt sind: 1. unter dem derzeitigen Zustand leiden, 2. einen Entschluß fassen, 3. vertrauen, und 4. die rechte Methode wählen. Diese Beschreibung ist heute noch genauso zutreffend wie früher.

Wenn man keinen Anlaß hat, unternimmt man auch nichts. Der häufigste Anlaß zu einer Veränderung ist das Vermeiden von Schmerz, Leid und Entbehrungen. Das Handeln, das sich daraus ergibt, ist eher vergangenheitsbezogen und führt meist nur bis in die Grauzone relativen Wohlbefindens. Der seltenere Anlaß für eine Handlung ist das Streben nach dem Besseren, daß eher zukunftsbezogen ist und in das Licht jenseits der Grauzone führen kann.

Für diese zweite Art der Motivation ist aber ein größeres Maß an Wachheit und bewußtem Lebenswille notwendig, denn ohne diese beiden würde man gar nicht erkennen können, daß es noch mehr gibt als das "grau in grau" und man würde es auch nicht anstreben können.

Wenn dann erst einmal diese nach Veränderung drängende Unruhe entstanden ist, stellt sich die Frage nach dem Ziel. Was soll man anstreben? Was verspricht die größte Freude? Um das zu erkennen, helfen einige einfache Fragen: Ist mir das wichtig? Ist das nur eine Möglichkeit oder ist das ein Ziel? Ist das eine meiner Fähigkeiten oder ist das mein Bestreben? Wenn ich nur noch einen Tag zu leben hätte, was würde ich dann tun? Ist es das, wofür ich lebe?

Es ist auch hilfreich zu sehen, daß man sowohl darauf, was man macht, als auch darauf, wie man es macht, Einfluß hat. - Was will ich (er-)leben und wie will ich leben? Eventuell ist es auch hilfreich, sein eigenes Horoskop zu kennen, da man mit seiner Hilfe den eigenen Lebensstil beschreiben kann.

Ein anderer Aspekt dieser Frage nach dem Entschluß und dem Ziel ist die Tatsache, daß man am weitesten kommt, wenn man alle Kraft in ein Ziel steckt, statt eine Vielzahl von sich vielleicht sogar widersprechender Zielen anzustreben. Ein solches klares Ziel bedeutet keineswegs Zwang und Eintönigkeit im Leben, sondern ein solches Ziel ist ein in sich schlüssiger Lebensentwurf, die Konkretisierung des eigenen Grundimpulses in der Vielfalt der Welt. Effektivität im Handeln entsteht durch eine klare Ausrichtung und diese entsteht, wenn man tief genug in sich taucht und den Ursprung in sich erkennt: die "Eichel", aus der die "Eiche" entstanden ist.

Freude beginnt in einem zu schwingen, je besser es einem gelingt, das Instrument seiner Psyche zu stimmen. Die einzelne Handlung wird wie im Traum auf die inneren Bilder gestimmt; die inneren Bilder werden wie im Tiefschlaf auf den Persönlichkeitskern, auf das Ich gestimmt - und worauf wird das Ich gestimmt? Wenn das Bewußtsein durch Weitung und Koordinierung Kraft schöpft und stärker und klarer wird, und das Bewußtsein dadurch nicht mehr auf den Körper begrenzt ist, erlebt man schließlich die Einheit des Bewußtseins in allen Dingen. Erste Schritte dahin sind die Erlebnisse von Telepathie und von Träumen, in denen man Zukünftiges vorhersieht.

Dieses Bewußtsein, diese erlebte Einheit aller Dinge, die man Gott, Allah, Klares Licht, Brahma, Eheieh, Tao nennt, ist der Grundton des Alls, auf den das Ich gestimmt wird. Dieses letzte Stimmen kann man durch die Meditation erreichen.

Dieser "Einklang mit Gott" ist immer auch ein Teil des innersten Zieles, da man nur durch diesen Einklang mit Gott wieder ein Teil des Ganzen wird und keine "schrägen Töne im Orchester" mehr verursacht. Die Illusion, von der Welt getrennt zu sein und ein Bewußtsein mit festen Grenzen an der eigenen Körperoberfläche zu haben, ist eine der grundlegendsten Verstimmungen des eigenen Instrumentes.

Aber dieser "Einklang mit Gott" ist nicht das Ziel selber; durch diesen Einklang wird das eigene Instrument liebevoll gestimmt, aber der Zweck ist die Musik, und diese entsteht erst durch die kompositorische Freiheit. Und diese Musik ist die Freude.

Wenn einem dieses Stimmen und das innerste Ziel nicht gleich ganz klar sind, ist das kein Grund zum Verzweifeln, denn, wie Kung-fu-tse sagt, beginnt auch die längste Reise mit dem ersten Schritt: jede kleine Entwicklung in die richtige Richtung ist ein notwendiger Teil der Reinigung der eigenen Motivation.

Wenn sich nun der aus der Betrachtung der eigenen Situation entstehende Wille zur Veränderung mit dem aus der Betrachtung der Möglichkeiten und Zusammenhänge entstehenden Überblick verbindet, entsteht der Entschluß, die als am besten erscheinende Richtung einzuschlagen.

Als die dritte Voraussetzung für eine Veränderung nennt Buddha das Vertrauen. Man könnte positives Denken nennen: sei überzeugt, daß Du erreichst, was Du erreichen willst. Aber Vertrauen enthält noch mehr: hilfreiche Resonanz von außen für das eigene Tun. Dies ist dieselbe Resonanz, die man erlebt, wenn man ganz eindeutig etwas will ohne jedes "wenn" und "aber".

Vertrauen entsteht durch das Erleben dieser Resonanz und es wird genährt durch die Betrachtung des "Grundtones", der alle Instrumente eint: die Einheit des Bewußtseins ist die Innenseite der Vielheit der Materie, die die Außenseite des Bewußtseins ist. Aus der Sicht der Einheit des Bewußtseins ist alles im Einklang, in der Freude, in "prästabilierter Harmonie" wie der Philosoph Leibnitz es nannte.

Diese Erkenntnis gibt den Mut, darauf zu vertrauen, daß man sein Ziel erreichen kann; umso mehr, je mehr der eigene Klang mit dem "Grundton" übereinstimmt. Dieses Vertrauen ist keine vage Hoffnung und auch keine irrationale Vorstellung, sondern ein Erkennen von Zusammenhängen, das sich mit dem eigenen Willen verbindet, wodurch man in seinem Streben Ruhe und Frieden findet, anstatt, wie sonst so oft, ohne Hoffnung und in Hektik einer Illusion nachzujagen. Das Vertrauen weitet die Wirkung des Willens aus dem eigenen begrenzten Ich hinaus in die Welt. Diese Qualität ist auch mit dem christlichen Begriff des "Glaubens" gemeint.

Als die vierte Voraussetzung für eine Verwandlung hat Buddha die Wahl der richtigen Methode erkannt. Diese Methode hat zwei Aspekte:

1. Nach außen gerichtet das konkrete Erschaffen der Lebensumstände, die man wirklich will: Kläre Deinen Beruf und kläre Deine Beziehungen! - akzeptiere nichts, was nicht ein reiner Ausdruck Deines innersten Wesens

ist!

2. Nach innen gerichtet das Wachsenlassen von Mut, Lebenskraft, Entschlossenheit, Klarheit, Wahrnehmung, Anteilnahme, Erkennen und Liebe.

Dies ist eine Reise in die Innenseite der Welt, ein Erforschen des Dschungels des Bewußtseins, in dem man nun als Gärtner zu wirken beginnt. Das Mittel dazu ist die Meditation: sich setzen, innehalten, aufmerksam schauen, das Verzerrte heilen und sich mit dem Wahren verbinden ... Der Yaqui-Medizinmann Don Juan hat dies für Carlos Castaneda in die schlichten Worte gefaßt: "Das wichtigste ist, einen Weg mit Herz zu gehen."

Wie lang währt mein Leben?
60, 80, 100 Jahre?
Es ist zu kurz, um es in Leid, in Trauer,
in Dunkelheit zu leben!
Wo stehe ich hier und jetzt?
Ist mein Leben leer
oder ist mein Leben erfüllt?

Alles, was ich bisher von ganzem Herzen wollte,
ohne jedes Wenn und Aber,
ging in Erfüllung ...
Es ist an mir, das Tor zu öffnen,
es ist an mir, mich zu sammeln
und meinen Weg zu entscheiden.
Nichts hindert meine Entfaltung
als die Verwirrung auf dem Weg
von meinem Herzen zu meinen Händen ...
denn wenn der Wille erwacht und wächst,
ist alles Außen ein genaues Echo meines Innen,
sind Innen und Außen Spiegelbilder voneinander.

Ich will ein erfülltes Leben
und es ist an mir, das Tor zu öffnen.
Niemand kann mein Leben erfüllen -
oder veröden lassen.
Nur ich selbst.

Alle Schatten dem Herzen weihen
und verwandeln,
Mich in das Licht in meinem Herzen versenken
und ihm in meinen Taten Gestalten verleihen.

IV Freiheit und Liebe

Freude entsteht auf zwei Arten. Die als erstes entstehende "Freude des Vereinens" wird hervorgerufen, wenn es einem gelingt, die innere Vielfalt und Widersprüchlichkeit und Verzerrtheit zu klären und auf ein von ganzem Herzen bejahtes Ziel auszurichten - wenn das Innere wieder fließt und man wieder weiß, was man will, entsteht schon durch die Schwingung, die dann wieder im Wollen und Tun liegt, Freude.

Die als zweites entstehende "Freude des Gestaltens" wird durch den Einklang zwischen dem klaren und dadurch auch starken Willen einerseits und dem durch diesen Willen in der Umwelt hervorgerufenen Echo, der spontanen, mühelosen Wunscherfüllung andererseits, hervorgerufen.

Die "Freude des Vereinens" ist immer die Ursache für die "Freude des Gestaltens", auch wenn sie einmal nicht so auffällig ist. Sie ist wie die Sonne, deren Strahlen die zweite Art der Freude ist. Freude beginnt immer mit einem wenigstens teilweisen Wiederfinden des eigenen Herzens.

Was ist die Kraft, die das Getrennte wieder verbindet? Was ist die Kraft, die das Erkrankte wieder heilt? Was ist die Kraft, die das Verzerrte wieder von der Angst und der Starre befreit? Was ist die Kraft, die das Zerfließende wieder von der Sucht befreit? Es ist die Liebe. Die Liebe ist die Erinnerung des Einzelnen an die Einheit des Ganzen in Gott. Sie ist die Sehnsucht des Einzelnen, wieder die Einheit des Ganzen zu erleben.

Liebe ist die Kraft, deren Wirken die "Freude des Vereinens" entstehen läßt. Und aus ihr entsteht der Einklang zwischen Innen und Außen, der die Entfaltung des Wesenskernes ermöglicht. So gibt die Liebe dem eigenen, innersten Wesen Raum, befreit es aus den inneren Widersprüchen und aus den Widersprüchen zwischen Ich und Welt. Wenn die Liebe zu blühen beginnt, verströmt sie den Duft der Freiheit.

Liebe vereint und Freiheit erschafft.

Liebe löst Grenzen auf und Freiheit prägt Formen.

Liebe ist das alles verbindende Meer, in dem wir geborgen sind, und Freiheit ist das gestaltende Feuer, das alles in Einzelne konkretisiert.

Liebe führt zum Bewußtsein und Freiheit führt in die Welt.

Liebe ist innen und Freiheit ist außen.

Liebe ist die Schwerkraft, die alle Dinge zueinanderzieht - die eine der beiden Grundkräfte der Welt; und Freiheit ist die Ausdehnung des Weltalls, die alle Dinge sich weiten läßt - die andere der beiden exakt gleich großen, gegensätzlichen Grundkräfte der Welt.

Wenn sich die Liebe mit der Erkenntnis der Einheit der Welt verbindet, entsteht Vertrauen; und wenn sich die Freiheit mit der Erkenntnis der Einheit der Welt verbindet, entsteht Verantwortung.

Und aus der Verbindung von Vertrauen und Verantwortung entsteht der Weg mit Herz und der Weg mit Herz ist der Weg der Freude.

Ich bin der Gestalter meines Lebens
  denn die Liebe hat alle Dinge miteinander verwoben
    sodaß mir alles das von außen entgegenkommt,
      was ich von Herzen will
        - ich bin frei

Ich liebe, was mir in meinem Leben begegnet,
  denn es ist von mir gewählt,
    aus meiner Freiheit entstanden
      - oder aus meiner Dumpfheit,
        wenn ich meinen Willen noch nicht befreit habe ...

Ich will die Rose der Liebe in meinem Garten pflegen
  das Unkraut der Angst jäten
    die Läuse der Eifersucht von ihren Blättern waschen,
      sie mit dem Wasser der Aufmerksamkeit gießen,
      sie mit dem Stab des In-mir-ruhens stützen,
        und den Humus der Geduld um ihre Wurzeln anhäufen.

Ich will die Flamme der Freiheit auf meinem Altar hüten,
  sie mit der Kohle meiner Askese speisen,
    sie mit dem Laub meiner Süchte nähren,
      das unreine Erz meiner Verwirrung
        in ihr zu dem Gold des Herzens läutern,
          und mit ihr die Fackel meines Mutes entzünden.

Ich bin nur in Liebe frei,
  denn sonst bin ich in Angst gefangen;
Ich liebe nur in Freiheit,
  denn sonst kann mein Licht nicht leuchten;
Ich ruhe in der Liebe zur Welt
  und entfalte mich in der Freiheit,
    die an der Wurzel von allem ist.
Ich bin ein Tanz aus Freiheit und Liebe.

V Gott

Freude ist die Harmonie zwischen zwei Dingen, die dadurch im selben Ton zu schwingen beginnen - beide in Resonanz mit dem anderen und dadurch sich weitend und wachsend.

Stimme die Taten des Alltags auf die Bilder Deines Inneren ein und Deine Taten werden an Wurzeln und an Früchten gewinnen. Stimme die Bilder Deines Inneren auf den Kern Deines Wesens ein und die Bilder Deines Inneren werden zusammenwachsen und die Zweige eines Baumes werden und Du wirst in Ihnen die Ausformung des Kernes Deines Wesens erleben - und siehe, die Freude wächst und wird ein starker Baum.

Stimme den Kern Deines Wesens auf die Sinfonie aller Wesen ein und der Kern Deines Wesens wird seine Enge und Einsamkeit verlieren und wird seine Äste bis in die fernsten Winkel des Alls erstrecken und es wird nichts geben, was sich nicht auch bis zu Dir erstreckt und Dir Wurzel wird - und siehe, Deine Freude wird auch die Freude aller anderen sein und die Freude aller anderen wird auch Deine Freude sein und die Freude wird keine Grenzen haben.

Stimme die Sinfonie aller Wesen auf den Grundton der Welt ein und sie wird eins werden und alles werden, innen und außen, Bewußtsein und Welt - und siehe, es wird unwandelbare Freude sein.

Die Welt ist die Weite von Raum und Zeit, in der die Galaxien wandern. Die Galaxien sind Sternenstaub und Licht und Milliarden Sonnen, die umeinander kreisen. Die Sonnen und ihre Planeten und Monde sind Fels und Wasser und Luft und lebende Wesen wie wir. Und wir bestehen aus Organen und die Organe bestehen aus Zellen. Die Zellen bestehen aus Molekülen und die Moleküle bestehen aus Atomen. Die Atome bestehen aus Protonen und Neutronen und Elektronen und diese bestehen aus den Quarks. Die Quarks und Raum und Zeit und alle Kräfte sind Muster in der einen Substanz, die sich von allem in alles verwandelt.

Dies ist das Außen, das Einzelne, das Starre - das Innen ist Einheit, ist Bewußtheit, ist Resonanz, ist Leben, ist das, was das Einzelne zu immer komplexer werden Formen wachsen läßt, die sich schließlich in vielfältiger Gestalt wieder zu dem Grundton des Alls zurücksehnen und sich auf ihn einzustimmen beginnen.

Der Grundton des Alls, der Nada-Brahma, den die Yogis anstreben, ist Liebe, denn Liebe ist die Kraft, die das Vereinzelte wieder zum Einen zusammenfügt.

Der Grundton des Alls, das Om, das die Mönche in Tibet unentwegt singen, ist Freiheit, denn was könnte das Eine-Alles-Einzige hindern oder prägen?

Der Grundton des Alls, das Wort, das am Anfang alles erschuf, ist Wahrheit, denn er ist die Wurzel all dessen, was ist.

Der Grundton des Alls, die Stimme aus dem Feuer auf den Altären der Magier, ist Schönheit, denn alles was ist, ist die Entfaltung dieses einen Tones.

Der Grundton des Alls, das Schöpfungslied, das alles benannte und erschuf, ist Einssein, denn es gibt nichts anderes.

Der Grundton des Alls, Agnis Feuer, das am Beginn eines jeden Rituals entzündet wird, ist Allmacht, denn es frei und voller Liebe und es ist einzig und es ist alles.

Der Grundton der Welt, Gottes Bewußtsein, ist Gerechtigkeit, denn es hat jedes Ding in seiner Art erschaffen und an seinen Ort gesetzt.

Der Grundton des Alls, die Stille hinter allen Klängen, ist Strenge, denn es ist das eine, das alles prägt.

Der Grundton des Alls, das klare Licht, ist Barmherzigkeit, denn wie sollte das Eine nicht auch das kleinste seiner Glieder, auch das letzte Atom dieser Welt lieben können - ist sie doch sein entfalteter Körper.

Der Grundton des Alls, das Farblose hinter allen Farben, ist der Schöpfer, denn er ist die Kraft und die Substanz und der Raum und die Zeit und die Erste Ursache, die selber keine Ursache hat und ein Kind der Freiheit ist - ein Kind des Nichts, das vor allem war, und dessen einzige Qualität die

Freiheit war: alles, was geschehen kann, geschieht.

Der Grundton des Alls, das Unverzweigte, Ungeteilte, Ungegliederte, ist das Sein, denn er ist alles, was ist.

Der Grundton des Alls, das allumfassende Bewußtsein, ist allwissend, denn er ist das Meer des Bewußtseins, dessen Tropfen als begrenztes Bewußtsein in allen Wesen und Dingen ist.

Der Grundton des Alls, das Schweigen hinter allen Worten, ist vollkommen, denn wie könnte das Eine, das die Wurzel von allem ist, einen Makel haben?

Der Grundton des Alls, der eine Geschmack in allen Dingen, ist ewig, denn was sollte sein Ruhen und seinen Tanz beenden können?

Pharao Echnaton opferte im Tempel des Sonnengottes
und hörte eine Stimme: „Ich bin Aton. Ich bin alles. Ich bin der Eine."
Und Echnaton verkündete es dem ägyptischen Volk.

Moses stieg auf den Berg in der Wüste Sinai
und Gott erschien ihm und sprach: „Ich bin der Herr, Dein Gott. Ich bin,
der ich bin: Eheieh."
Und Moses brachte von dem Einen die Zehn Gebote herab zu den zwölf
Stämmen.

König Krishna saß vor dem Opferfeuer auf dem Prajapati-Altar und
bereitete den Soma-Trank,
als ihm Vishnu erschien und zu ihm sprach: „Ich bin das Brahma, das
Eine, das in allem ist. Ich bin in Dir und Du bist in mir."
Und Krishna setzte sich nieder zur Meditation bis er die Wahrheit
dieser Worte erkannte - dann erhob er sich und lehrte die Brahmanen,
die Könige und die Bauern den Weg zur Erleuchtung mit Tanz und mit
Worten und mit Flötenspiel.

Elias ging in die Berge und betete in einer Höhle
- da erschien ihm Jahwe in einem Windhauch und sprach: „Ich bin der
Herr. Verkünde dies Israel."
Und Elias versammelte das Volk und rief Gottes Feuer vom Himmel
herab und weckte wieder den Glauben an den Einen in ihnen.

Zarathustra entzündete das heilige Opferfeuer des Agni,
als klare Worte aus dem Feuer erklangen: „Und wenn Du, nachdem alle
Phantome geflohen sind, das heilige und formlose Feuer siehst, das
Feuer, das durch die Tiefen des Universums blitzt und flammt, höre dann
die Stimme des Feuers - die Stimme Ahura Mazdas, des Einzig-Alles-
Einen!"
Und Zararthustra sprach zu den Persern von den Worten des Feuers
und entfachte in ihnen die Glut der Verehrung des Einen.

Buddha setzte sich unter dem Bo-Baum nieder, um die Wahrheit zu erkennen;
   da wurde er eins mit dem Nirvana und fand die Freiheit vom Leid und die Liebe zur Welt.
     Und Buddha lehrte den Pfad der Befreiung allen, die ihm folgen wollten.

Lao-tse saß am Rand eines Baches und betrachtete das Spiel der Wellen mit den Kieseln;
   da fand er den Einklang mit dem Tao - und Fülle und Wärme und Harmonie und Kraft und Freude und Wahrheit erfüllten ihn und er lächelte den Wellen des Baches zu.
     Und er schrieb in einundachtzig Gedichten über den Weg, den er gefunden hatte, und er gab seine Weisheit an alle weiter, die sein Lächeln sahen und ihn nach dessen Wurzeln befragten.

Jesus ging mit Johannes Segen in die Wüste und fastete und betete und widerstand allen Verlockungen und Bedrohungen
   bis schließlich das Licht und die Liebe Gottes vollkommen in ihm erwachten.
     Und Christus predigte den Lauschenden und heilte die Kranken und weihte alle, die seinem Weg der Liebe zu Gott folgen wollten.

Mohammed betete Jahr um Jahr in seiner einsamen Wüstenhöhle,
   bis sich seine Aura von Hingabe an den Einen entflammte und ihm endlich der Erzengel Gabriel erschien und ihm Allahs Worte verkündete.
     Und Mohammed schrieb diese Worte nieder im Koran und predigte den Arabern den Pfad der Mitte zwischen Liebe und Gesetz.

Der Weg zu einem Leben aus Gott heraus ist geöffnet seit 3.600 Jahren und viele sind ihn gegangen
   und fanden die Fülle des Grals, den Tanz der Freude, den Einklang mit der Quelle, das Licht der Glückseligkeit.
     Und auch ich breche nun auf, um diesen Weg zu diesem höchsten Ziel zu gehen.

VI Das Ich

Freude ist der Einklang des Ichs mit dem, was einen umgibt. Folglich stellt sich die Frage, was das Ich ist, das durch das "Stimmen des Instrumentes" diesen Einklang erreichen kann.

Das Ich ist das, was aktiv das "Instrument " stimmt, und es ist das, was gestimmt wird, also das "Instrument" selber, und es ist zu einem Teil auch die Weitung in den Bereich, der nun gestimmt ist und dessen Resonanz mit dem Ich die Freude ist.

Das Ich ist also handelnd und es ist veränderbar und es ist schließlich in gewisser Weise auch ausdehnbar.

Wo "sitzt" nun das Ich, und woraus besteht es? Der Körper des Menschen besteht aus Organen, diese aus Atomen, diese wiederum aus Protonen, Neutronen und Elektronen, diese dann aus den Quarks, und diese sind schließlich Erscheinungsformen der einen, allem zugrundeliegenden "Ursubstanz" - es taucht nirgends eine "Ich-Substanz" auf.

In den verschiedenen Religionen und Weltanschauungen finden sich vor allem das Herz und seltener auch das Gehirn als Sitz der Seele, wie sich auch die Leber und manchmal die Milz als Sitz der Lebenskraft finden. Das Organ wird aber nicht als die Seele bzw. das Ich selber aufgefaßt, sondern als deren Sitz oder Tempel oder Übermittler. Naturwissenschaftlich gesehen werden meist die elektro-chemischen Koordinationsprozesse im Gehirn als Ich aufgefaßt.

Wenn man nun die Bewußtseinsseite betrachtet, ergibt sich ein ähnliches Bild. Die "kleinste "Bewußtseinseinheit" ist eine Wahrnehmung, ein Gedanke, ein Gefühl, ein Willensimpuls oder ein inneres Bild. Diese kann man auch als Bewußtseinsinhalte auffassen, also als etwas, wovon das Bewußtsein erfüllt. Auf jeden Fall stellen sie eine Verbindung von Bewußtsein und Welt, von innen und außen dar. Das Ich ist auch die Fähigkeit, diese Wahrnehmungen, Gedanken, Gefühle, Willensimpulse und innere Bilder in sich in einer solchen Weise zu koordinieren, daß daraus letztlich der Impuls für eine Handlung entsteht, die die Situation, in der man sich befindet, verbessert.

Im Traum und in der bildhaften Meditation wird diese koordinierende Tätigkeit, die sich im Wachen nur auf einzelne, konkrete Situationen bezieht, auf die ganze Psyche ausgedehnt; und im Tiefschlaf und den Stille-

und Mantra-Meditationen wird diese Koordination noch weiter auf die Ebene der Motivation, des Willens, der ursprünglichen Impulse, also des Wesenskernes, ausgedehnt, was in der Meditation als das Erwachen zu einem Zustand der Wärme, des Erfülltseins und der mühelosen Harmonie führt und als die Begegnung mit der eigenen Essenz, die auch als Höheres Selbst, Schutzengel, Ich Selbst, Goldener Bruder, Gottheit im eigenen Herzen und mit noch etlichen weiteren Namen bezeichnet wird.

Wenn man nun diese Stille- oder Mantra-Meditation fortführt, begegnet man der Aufforderung zur rückhaltlosen Hingabe, die man, wenn man völlig unvorbereitet und unerwartet zu ihr gelangt, wie einen Sprung in einen bodenlosen Abgrund erleben kann - was unter Umständen zu einer Panikreaktion führen kann. Die Hingabe, zu der man man hier aufgefordert wird, ist das Stimmen der eigenen Essenz auf das Miteinander aller Dinge und läßt einen tiefen Frieden und ein Erfülltsein von Liebe und Freiheit aufblühen. Dieser Zustand führt schließlich weiter zu dem einen, alles erfüllenden, ungeteilten Bewußtsein.

Sowohl in Hinsicht auf die materielle Substanz des Menschen als auch in Hinsicht auf die Bewußtseinsvorgänge erscheint das Ich also nicht als feste, konstante, unvergängliche, klar definierte "leuchtende Kugel", sondern als ein Koordinationsprozeß, der auf einzelne Situationen begrenzt, aber auch bis in die Wurzeln der Welt hinein ausgedehnt sein kann. Das Ich ist also keine statische Form und keine Substanz, sondern ein dynamischer Vorgang, der ein sehr verschiedenes Niveau haben kann, wobei dieses Niveau einige deutliche Übergänge hat:

1. von der Bewußtheit über die materielle Welt zur zusätzlichen Bewußtheit über die innere Bilderwelt;

2. von dort zur zusätzlichen Bewußtheit über die Motivationsebene, also der eigenen Essenz;

3. von dort zur zusätzlichen Bewußtheit über die Verbundenheit aller Dinge, über das "Kontinuum der Welt"; und schließlich

4. von dort zur zusätzlichen Bewußtheit über die Einheit der Welt.

Wenn man nun zusätzlich das Verhältnis zwischen dem Ich und der Einheit des Bewußtseinsaspektes aller Dinge betrachtet, ergibt sich ein einfaches, schlichtes Bild: das Ich ist die Konkretisierung eines Aspektes von Gott, der sich durch Willen und Erkenntnis wieder auf Gott einstimmen kann und sich dadurch seiner selbst im Tiefsten bewußt wird. Nur Gott ist ewig - alle Erscheinungen in der Vielfalt, in die sich Gott als Welt konkretisiert, sind vergänglich. Dabei liegt der Wert des Ewigen in der Orientierung, die es bietet, und der Wert der Vergänglichkeit in dem Tanz, der durch es entsteht. Das Ich ist eine Geste, ein Schritt in Gottes Tanz: vergänglich, aber mit Wirkung; klein, aber notwendiger Bestandteil des Ganzen. Die Liebe fügt das Ich, diesen Schritt in Gottes Tanz, bewußt in das Ganze ein; und die Freiheit, die daraus entsteht, läßt diesen Schritt in Gottes Tanz bewußt und kraftvoll werden.

Die Alten Ägypter nannten das Ich, die innere Stimme die "Gottheit im eigenen Herzen" - schon für sie existierte das Ich nur in Bezug auf eine Gottheit, war das Ich nur eine "Ausstrahlung" von dieser Gottheit.

Es gibt zwei Wege des Stimmens des Ichs auf die Einheit: zum einen die Liebe, die das Einzelne mit dem Außen verbindet und so schließlich die Einheit erreicht und mit ihr auch die Freiheit; und zum anderen die Freiheit, die durch das Streben nach immer umfassenderen Handlungsmöglichkeiten die Wurzeln des Bewußtseins erforscht und sich auf diese Weise schließlich als mit allem verbunden erkennt und in sich das Verbundensein als die Liebe erlebt.

Der Weg der Liebe, dessen Bild der "Mystiker" ist, und der Weg der Freiheit, dessen Bild der "Magier" ist, schließen sich aber keineswegs aus; sie mischen und fördern sich - nur der Schwerpunkt liegt bei den beiden Wegen verschieden, wobei sich im Laufe der eigenen Wanderung auch die Betonung des einen oder des anderen Weges wechseln kann.

Im tibetischen Buddhismus heißt es, daß die Vorstellung von einem beständigen, abgegrenzten Ich die größte Illusion und das größte Hindernis sei. Wenn das Ich ein Koordinationsvorgang ist und die Freude aus dem Einklang des Ichs mit einem erweiterten Bereich entsteht, ist die Vorstellung eines begrenzten, festen und konstanten Ichs wirklich das sicherste Mittel, um die Entstehung von Freude, die auch Buddha als eines der vier Merkmale der Erleuchtung angesehen hat, zu verhindern.

Das Erreichen eines jeden Zieles beginnt mit dem Entschluß, es zu erreichen. Daher ist hier die wesentliche Frage, warum man das Ich bis in das universelle Bewußtsein hinein weiten sollte, was ja nicht ganz ohne Mühe ist. Und die Antwort lautet: wegen der Freude, die daraus entsteht. Aber eine solche Betrachtung bleibt theoretisch und wirkungslos, solange sie sich nicht fest mit dem eigenen Egoismus verbindet und dadurch zu einem festen

Entschluß wird. Daher ist die Klärung des oft diffusen und verzerrten Egoismus der Anfang einer jeden Erfolgsstory. Wie kann man nun das widersprüchliche und verwaschene Grau der widerstreitenden Motivationen in klare, eindeutige und organische Formen verwandeln?

Eine der bewährtesten Methoden ist die Betrachtung des eigenen Todes. Was würde ich tun, wenn heute mein letzter Tag wäre? Genau das sollte man heute auch tun. Schritt für Schritt das Unechte und Unwichtige fortlassen und das Wesentliche tun. Nicht nur darüber nachdenken, sondern tun! Denn die Taten sind das, was wirkt und prägt und zählt.

Eine andere bekannte Methode ist, täglich eine Viertelstunde über die Fragen "Wer bin ich?" und "Was will ich?" nachzudenken und die Ergebnisse aufzuschreiben. Wenn diese Ziele und ihre Entfernung von der derzeitigen Wirklichkeit immer deutlicher werden, erhält der Bogen der Erkenntnis die nötige Spannung, um den Pfeil der Sehnsucht ins Ziel zu schießen.

So kann Begeisterung für die Selbstwerdung entstehen, so kann der Mut zu Veränderungen geweckt werden, und so kann auf dem Altar der Erkenntnis das Feuer des Herzens entfacht werden.

Es ist auch wichtig, sich nicht als "Loch", als Bedürfniswesen anzusehen und sich somit nur über seinen Körper zu definieren, denn sonst wird man nur in dem Gefühl leben, ständig etwas zu brauchen und dafür etwas tun zu müssen und sich dafür dann anpassen zu müssen - und so wird man sich schließlich über das, was man haben will, definieren: im Extremfall führt dies zum Geld verdienen als Lebenszweck. Statt dessen sollte man das Bild, eine Sonne zu sein, entwickeln: ein Wesen, das sich inkarniert hat, weil es sein will. Dadurch entsteht eine Orientierung von innen nach außen - eine innere Fülle, die außen Gestalt annehmen will. Das "Bedürfnis-Selbstbild" hingegen ist durch den Vorgang der angestrebten Bedürfnisbefriedigung von außen nach innen gerichtet und erzeugt daher ein Lebensgefühl des Mangels. Gestalten statt konsumieren.

Die Umkehrung der "von außen nach innen"-Orientierung zu einer "von innen nach außen"-Orientierung ist nicht schwer zu erreichen, aber es bedarf einiger Übung, um sie aufrecht zu erhalten. Die besten Lehrmeister für diese Umkehrung sind die vielfältigen großen und kleinen Probleme, mit denen man jeden Tag konfrontiert wird. Wenn man genug Bewußtheit aufbringt, um sie zu erkennen und sich ein paar Fragen zu diesen Problemen zu stellen und das Problem und diese Fragen auch später in einer gelasseneren

Stimmung noch einmal zu betrachten, wird sich bald das Verhältnis zwischen problematischen Situationen und freudevollen Situationen zugunsten der freudevollen Situationen verbessern, denn das "Bewußtsein des äußeren Mangels" ist die Quelle des Kummers und das "Bewußtsein der inneren Fülle" ist die Quelle der Freude.

Die Fragen, die einem weiterhelfen können, wenn man in ein Problem verstrickt ist, sind recht einfach:

"Was will ich?"

"Wer bin ich?"

"Was will ich erreichen?"

"Welche meiner Qualitäten will ich in dieser als Problem erscheinenden Situation verwirklichen?"

"Ich ärgere mich über etwas bei anderen. Wo trage ich die Quelle, über die ich mich da ärgere, in mir?"

"Das Außen hat mich aus meinem Rhythmus bringen können, weil ich an dem erwünschten Ergebnis meines Willens gehaftet habe statt im Strahlen meines Willens zu ruhen, und dadurch meinen Willen schließlich gelähmt habe. Wie finde ich nun zu dem Willen, zu dem kreativen Leuchten in mir zurück, so daß ich weiterhin allen Fehlschlägen zum Trotz mein Ziel verfolge, mein Wahres Wesen zu verwirklichen - und durch diese innere Beharrlichkeit die äußere Resonanz erzeuge, die dann als spontane Wunscherfüllung erscheint? Wie finde ich zu Luthers Haltung zurück, die er in seinem bekannten Ausspruch ausdrückte: "Selbst wenn morgen die Welt untergänge, würde ich heute noch ein Apfelbäumchen pflanzen"?"

Dieses beharrliche Fragen nach dem eigenen Impuls, dem eigenen Willen in allen Situationen ist der erste Teil des "Stimmens des Instrumentes" durch den alle Neigungen, Verhaltensweisen, Wünsche, Gefühle, Gedanken und inneren Bilder in Einklang mit dem eigenen Wahren Wesen gebracht werden.

Der zweite Teil des "Stimmens des Instrumentes" wird durch die Tugend des Gleichmuts erreicht. Buddha hat einen Erleuchteten als jemanden beschrieben, der sich durch unendliche Freude, unendlichen Gleichmut, unendliche Freundlichkeit und unendliche Barmherzigkeit auszeichnet. Mit Gleichmut ist nicht Gleichgültigkeit gemeint, sondern die Bereitschaft, die Welt so zu akzeptieren, wie sie ist - ein tiefes, umfassendes Ja zu allem, was ist, und dazu, daß es so ist, wie es ist. Gleichmut bedeutet, alles willkommen zu heißen, was einem begegnet, alles als ein Gespräch mit Gott zu erleben und dabei seinen Impuls, sein eigenes Wahres Wesen, in allen Situationen deutlich auszudrücken, denn die Bejahung der der Welt beginnt bei der Bejahung von sich selber.

Dieses zweite "Stimmen des Instrumentes", die das innerste Wahre Wesen eines Menschen mit Gott, der Einheit aller Dinge in Einklang bringt, ist das Auflösen der Trennungen, der Dissonanzen zwischen Ich und Welt - die Tugend der Hingabe. Diese Dissonanzen bestehen aus Weigerungen, Ablehnungen, Verurteilungen, Ansprüchen, Verzichten, Süchten, Lügen, Unterwürfigkeit, Machtstreben, Bewertungen ... : "Dies will ich in der Welt haben, jenes nicht! Dies soll immer so sein, jenes darf nie sein! Dies ist gut, jenes ist böse!"

Tilopa, ein indischer Prinz, der vor etwa tausend Jahren lebte, hatte beschlossen ein Yogi zu werden und die Erleuchtung zu erlangen. So meditierte er regelmäßig und ging einmal am Tag in eine Stadt, um sich ein wenig Nahrung zu erbetteln. Eines Tages klopfte er an der Tür eines Bordells an und bat die Hure, die ihm öffnete, um etwas zu essen. Die Hure brachte ihm daraufhin etwas Reis mit Curry, der schon etwas abgestanden war. Wütend warf Tilopa den Reis in die Gosse und beschimpfte die Hure wegen dem alten Reis. Da entgegnete die Hure: "Du bist kein Yogi. Du bist noch immer ein verwöhnter Prinz. Du meditierst über den einen Geschmack in allen Dingen und verschmähst eine Schale abgestandenen Reis?" Da hielt Tilopa mit seiner Schimpfrede inne und erkannte die Weisheit in ihren Worten und verbeugte sich vor ihr und dankte ihr für ihre Belehrung. Dann ging er hinab zu den Fischern an den Ganges und bat die Fischer um die Eingeweide der Fische als Nahrung für sich. Er meditierte nun mit neuer Klarheit und erlangte die Erleuchtung und wurde über die Reihe seiner Schüler Naropa - Marpa und Milarepa der Ahnherr der tibetischen Kagyü-Lamas, zu denen auch der heutige Dalai-Lama gehört.

Man muß die eigene Gut-Böse-Unterscheidung nicht unbedingt mit so drastischen Mittel auslöschen wie Tilopa, aber sie ist schon ein ernstzunehmendes Hindernis, denn sie verhindert eine vollständige Bejahung der Welt. Sie stellt den Versuch dar, die eigenen Wünsche zum Gestaltungsprinzip der Welt zu erheben - dies führt aber nur zu Streß und Mißerfolgen, denn die Welt ist, wie sie ist, und sie ist viel mehr, als wie sie sich ein einzelner Mensch wünschen könnte. Diese Gut-Böse-Einteilungen erschaffen eine Kruste um einen her, die den Einklang zwischen Ich und Welt verhindert. Diese Einteilung ist ganz offensichtlich bedürfnisorientiert und daher eine Quelle des Mangels - wenn man einfach jede Situation als eine neue Möglichkeit ansieht, das auszudrücken, was man wirklich ist, ergibt eine solche Einteilung keinerlei Sinn mehr. Und was könnte mehr Freude bereiten, als in jedem Augenblick genau das auszudrücken, was man ist?

Das Auflösen der Gut-Böse-Einteilung bedeutet keineswegs, daß man seinen Willen zügeln sollte, sondern es bedeutet, daß man bei sich selber bleiben sollte und nicht bei dem, was die Welt, die anderen der eigenen Meinung nach tun sollten. Es bedeutet, daß man in dem Leuchten im eigenen Inneren ruhen und nicht auf Erfolg und Mißerfolg achten sollte - denn nur dann wird man Erfolg haben, denn Erfolg ist nicht eine Frucht der Anstrengung, sondern eine Frucht des Ruhens in Gott.

Es hilft dabei, drei Ebenen von Bewußtsein zu unterscheiden:

1. das Alltagsbewußtsein, in dem man das Hier und Jetzt koordiniert, Vorlieben und Abneigungen hat und auf einen kleinen Ausschnitt des Lebens konzentriert ist;

2. das Wahre Wesen, der Schutzgeist, das, was sich in einem inkarniert hat, die "Gottheit im eigenen Herzen", die der rote Faden, die Essenz dieses Lebens ist und Orientierung gibt; und

3. das Bewußtsein der Einheit, das in allem ist und das alles ist und für das es kein Außen gibt und für das alles "ich" ist und für das alle Dinge und Ereignisse einunddenselben Geschmack haben.

Beim Erreichen dieses dritten Bewußtseinszustandes werden die beiden ersten Ebenen auf den Grundton der Welt gestimmt. Von der Ebene des Alltagsbewußtseins aus gesehen ist das Leben dann ein Gespräch mit Gott, von der Ebene des Wahren Wesens aus gesehen ist man dann ein Kind Gottes, und von der Ebene der Einheit aus gesehen ist man dann Gott selber.

Wenn man beginnt, sich diesem "dreifachen Bewußtsein" anzunähern, beginnt sich die innere Orientierung neu zu ordnen: nichts im Außen ist prägend, absolut, das wesentliche Ziel, sondern das Innere ist die Quelle aller Dinge, denn das Innere erscheint nun als Freiheit, während das Äußere einfach in dem verharrt, was es geworden ist; das Außen ist vergänglich, wechselhaft und voller Bewegung, während das Innen beständig, immer gleich und ruhend ist; im Außen bringen Festigkeit, Starre, Anhaften, Unbeweglichkeit und Fixierung Leid, während im innen Wankelmut, Unentschlossenheit und Zerstreutheit Leid bringen.

So beginnt man innen in Gott zu ruhen und im Außen sich durch eine Vielfalt von Handlungen auszudrücken, ohne sich an sie oder ihre Ergebnisse festzuklammern. Man erlebt dabei, um wieviel einfacher und klarer das Leben durch eine solche Haltung wird: Wenn man immer auf Gott ausgerichtet ist, kommt man bei seinem Lebenstanz nicht so leicht aus dem Gleichgewicht.

Der tibetische Heilige Milarepa hat sich bei allen Schwierigkeiten, die ihm begegnet sind, immer wieder die Frage gestellt: "Wie kann ich dieses Hindernis für meine Erleuchtung nutzen?" Als ihm, während er mehrere Jahre im Gebirge meditierte, sein Kochtopf zerbrach, der das letzte war, was er besaß, wurde er wütend. Als ihm dies bewußt wurde, betrachtete er die Vergänglichkeit aller zusammengesetzten Dinge und meditierte über die Folgen der Wut, die die Wesen voneinander trennt und die Liebe zu den Wesen behindert und auf diese Weise die Einheit hinter der Vielheit der Erscheinungen verborgen hält. Als ihm diese Zusammenhänge dabei noch einmal ganz deutlich bewußt wurden, bedankte er sich bei dem zerbrochenen Topf für diese Belehrung und dichtete ihm ein Lied, das noch heute in Tibet sehr beliebt ist.

Dieses "Stimmen des Instrumentes" führt keineswegs zur Passivität oder zu Verweichlichung oder gar zu Weltfremdheit, sondern im Gegenteil zu der Haltung eines Kriegers, einer Amazone. Das "Stimmen des Instrumentes" führt zu Klarheit und Eindeutigkeit und daher zu Effektivität im Handeln.

Solche „Krieger-Menschen" prägen und haben eine große Ausstrahlung. Wenn man sich das Leben von Christus, Buddha, Milarepa, Elias, Petrus, Ibn-Arabi, Krishna oder Moses anschaut, zeigt sich sehr deutlich, daß das Bild vom verträumten, weltfremden Mystiker nichts mit dem tatsächlichen Leben eines Erleuchteten zu tun hat, sondern nur auf dem Unverständnis von Personen beruht, die solche nach dem Erleben der Einheit Strebenden nur flüchtig gesehen haben.

Das "Stimmen des Instrumentes" hat auch nichts mit Askese zu tun. Buddha hat ausdrücklich die Askese als Hindernis auf dem Weg zur Erleuchtung abgelehnt, da sie die Konzentration genauso an äußere Dinge bindet wie eine Sucht. Die Hedonisten, eine der vielen Schulen der griechischen Philosophen, hatten die Erkenntnis "Nur das, was wahr ist, kann man wirklich genießen." in den Mittelpunkt ihrer Weltanschauung gestellt. Und Christus erstes Wunder war die Verwandlung von Wasser in Wein, als auf einem Hochzeitsfest der Wein ausgegangen war.

Das "Stimmen des Instrumentes" kann auf sehr vielfältige und zum Teil auch ungewöhnliche Weise zustande kommen. In einem solchen Fall war Naropa, einer der Schüler von Tilopa, dem Fischdarmesser, der Lehrer, der eine solche ungewöhnliche Möglichkeit erkannte. Zu der Zeit, als sich dies ereignete, saß Naropa in einem einsamen Wald und meditierte, als er plötzlich die Spitze eines Schwertes an seinem Hals spürte und eine barsche Stimme ihn aufforderte, all sein Hab und Gut herzugeben. Naropa erkannte sofort, daß der Räuber ihn so oder so töten würde, um keine Zeugen zu hinterlassen.

Naropa blickte den Räuber ruhig an und sprach: "Ich besitze nur meine Bettelschale und meine Weisheit. Und wenn Du mich tötest, kann sie Dir nicht mehr von Nutzen sein. Vielleicht kann ich Dir helfen, Dir Deinen größten Wunsch zu erfüllen?" - "Dann mache mich zum stärksten und mächtigsten Mann der Welt! Kannst Du das, so sollst Du Dein armseliges Leben behalten dürfen." sprach der Räuber.

"Dann gehe zu dem Tempel, der nicht weit von hier an dem Berghang dort drüben liegt, gehe ohne Pause sieben Tage im Kreis um ihn herum und sprich dabei ohne einmal zu unterbrechen das Mantra, das ich Dir jetzt ins Ohr flüstern werde."

Der Räuber befolgte die Anweisung des Yogis Naropa und ging zu Tempel und umrundete ihn und sprach dabei unentwegt sein Mantra und ließ sich weder durch Hunger noch durch Durst, weder durch Müdigkeit noch durch wilde Tiere, die um den Tempel streiften, von seinem Mantra ablenken. Endlich, am Abend des siebten Tages, kam eine schwarze Schlange aus dem Tempel gekrochen und verschwand im Wald. In diesem Augenblick erreichte der Räuber die vollkommene Eingerichtetheit und wurde erleuchtet.

Nun besaß er die vollkommene Macht, aber gleichzeitig auch die vollkomme Liebe zur Welt und zu allen Wesen. Er erkannte die Weisheit des Naropa und ging zu ihm, verneigte sich vor ihm und bedankte sich. Den Rest seines Lebens zog er von Dorf zu Dorf und half vielen Suchenden, selber das Licht zu finden.

Die sinnvolle Haltung bei der Suche nach der Einheit, bei dem "Stimmen des Instrumentes" ist das "genießen ohne festzuhalten", denn das Festhalten entfremdet vom Fluß der Ereignisse und läßt einen erstarren und bringt Dissonanzen in den Einklang und läßt somit die Quelle der Freude versiegen. Eine Art des Festhaltens ist es auch, wenn man Dinge oder Taten funktionalisiert, also sie für nicht ausgesprochene Zwecke benutzt.

Die Lösung ist immer das Streben, rein zu bleiben - das innere Licht zu erkennen, wachsen zu lassen und nach außen leuchten zu lassen. Die Quelle dieses Lichtes ist ein Bereich, der wie ein grenzenloser Raum ist, in dem ein alles erfüllender Lichtstrom strahlt - man könnte ihn Gottes Gefühle nennen.

Gott Vater, Allah, Eheieh, Aton,
Jahwe, Brahma, Nirvana, Tao
Einer-Alles-Einziger
Du bist meine Quelle und mein Ziel
Wecke Deine Kraft in mir
damit die Kundalinischlange, der Erdfeuerdrache in mir aufsteigt
und meine Aura entflammt
Wecke Dein Bewußtsein in mir
damit das Himmelslicht, der Sonnenadler in mir herabkommt
und meine Augen öffnet
Laß sich Licht und Feuer in meinem Herzen vereinen
damit ich erwache zu wirklicher Wachheit
damit ich Dich in mir in meinem Wesenskern erkenne
damit die Liebe und die Kraft und das Feuer des Herzens zu strahlen
beginnen

Gott Vater,
Du bist der weiße Lichtstrahl, in dem ich stehe
Du bist der gleißende Blitz, der mich reinigt und erfüllt
Du bist das endlose, formlose, klare Licht, das mich trägt

Allah,
Du bist der unendliche Teppich und ich bin ein Muster in ihm
Du bist die glühende Sonne über der Wüste und ich eine Deiner Flammen
Du bist das endlose Meer und ich ein Tropfen in ihm

Eheieh,
Du bist die ungeformte Substanz alles Erschaffenen
  - Du bist mein Leib
Du bist die alles erschaffende Freiheit
  - Du bist mein Wille
Du bist die alles verbindende Liebe
  - Du bist mein Schicksal

Aton,
Du leuchtest als Sonne in mir und in der Gestalt des Osiris
Du führst mich als Gottheit in meinem Herzen
Du segnest mich mit dem Ankh, der Lebenskraft Deiner Sonnenstrahlen

Jahwe,
Du bist das Gesetz - und mein Halt
Du bist die Gnade - und meine Hilfe
Du bist das Licht - und meine Hingabe

Brahma,
Du bist das Nada-Brahma - die Stille hinter allem Klang
Du bist das Schöpferwort - das strahlende "Ich bin."
Du bist das "OM" - die Rückkehr Deiner Kinder zu Dir

Nirvana,
Du bist die erfüllte Leere, die die Begierde meines Herzens stillt
Du bist die vielfältige Einheit, die die Ruhelosigkeit meines Geistes stillt
Du bist die unerschaffene Schöpfung, die den Hunger meines Leibes stillt

Tao,
Du bist das Ja, das das Eis schmilzt und mein Herz befreit
Du bist das Ja, das die Ketten löst und mir meinen Weg zeigt
Du bist das Ja, das den Schleier öffnet und meine Augen sehen läßt

Einer-Alles-Einziger,
aus Deiner Freiheit erschufst Du alles, was ist
verwobst Deine vielfarbigen Strahlen,
  die den Ersten Tag mit Licht erfüllten,
    durch Deine Liebe,
      die am zweiten Tag alles miteinander verband
        zu dem Muster meines Geistes, meines Selbst, meines Ich
Du hast so Deine Freiheit in mein Handeln gelegt
Du hast so Deine Liebe in mein Erkennen gelegt
und Du hast so mir Geschöpf so die Möglichkeit gegeben,
  seinen Schöpfer zu erkennen
  sich seinem Schöpfer zu öffnen
  in Einklang mit seinem Schöpfer zu gelangen
  an der Wurzel meines Erschaffenseins
    wieder der Unerschaffene zu werden

VII   Der Weg

Freude ist im hinduistischen Weltbild einer der drei Aspekte dessen, was allen Erscheinungen zugrunde liegt: Sat, die Substanz, Chit, das Bewußtsein, und Ananda, die Glückseligkeit. Dieses ursprüngliche, das diese drei Eigenschaften hat, ist Brahman, was ursprünglich im Rig-Veda, dem ältesten indischen Buch, die harmonische Ordnung in einer Hymne an die Götter bezeichnete - Brahma bedeutet also in etwa Versmaß, Reim oder Resonanz. Personifiziert wird Brahma Ishvara genannt, der Höchste Gott.

Dieselbe Vorstellung von einer in allem vorhandenen kosmischen Harmonie hatten auch die Ägypter zur Pharaonenzeit, die diese Qualität "Ma'at" nannten. Bei den Sumerern hieß sie "Me", in Tibet "Tashi" und bei den Navahos "Hozong". Für fast alle Völker der magisch-mythologischen Entwicklungsstufe war ein solcher Begriff die zentrale Vorstellung.

Auch die chinesischen Auffassung, nach der sich die Einheit der Welt, das "Tao" (der Weg) über die Yin-Yang-Polarität symmetrisch in die 64 Hexagramme des I Ging verwandeln läßt, beruht auf dieser Erfahrung der allem zugrundeliegenden Harmonie. Später hat dann der Philosoph Leibniz die Welt mit seinem System der sich aus der Einheit heraus entfaltenden Monaden, die sich untereinander aufgrund ihres Ursprungs aus der Einheit in der prästabilierten Harmonie befinden, beschrieben.

Das Wiederentdecken dieser Harmonie in der Welt und in sich selber und in seinen Beziehungen zur Welt ist das Erwachen der Freude.

Um wieder zu dieser Harmonie zu gelangen, hilft es, alle Qualitäten, die man in der Einheit, in Gott finden kann oder vermutet, in das eigene Leben miteinzubeziehen und zu schauen, auf welche Art man sie gedeihen lassen kann. Da diese Qualitäten alle Aspekte des "Grundtones" der Welt sind, helfen sie, "das eigene Instrument zu stimmen". Daß man auf dem richtigen Weg ist, kann man dabei daran erkennen, daß nach den Mühen des Stimmens die Freude im eigenen Leben gewachsen ist.

Ein Weg, das eigene Instrument auf den Grundton der Welt zu stimmen und so Gottes Qualitäten im eigenen Ich zu entdecken und zu entfalten, ist die Wahrnehmung. Wenn man die eigenen Tätigkeiten betrachtet - atmen, essen, trinken, sprechen, ausscheiden, Sex, laufen, stehen, liegen - dann erkennt man, daß keine festen Grenzen hat, sondern daß man aufnimmt, abgibt, teilhat, verwandelt, daß der eigene Körper von den eigenen Eltern erschaffen wurde, daß man vergänglich ist, und daß man folglich mit allem, was ist, verwandt ist.

Die Betrachtung dieser Verwandtschaft führt zur Dankbarkeit, denn wie könnte ich ohne Eltern, Luft, Wasser und Brot leben? Die Dankbarkeit öffnet und bejaht das Offensein und läßt gemeinsam mit dem Erkennen der Verwandtschaft mit allem das Urvertrauen entstehen. Dies Vertrauen gibt den Mut, alles zu bejahen und dieses Ja ist die Quelle der Liebe. Und die Liebe ist die Kraft, die alles zusammenhält; sie ist die Erinnerung der Einzelwesen an Gott und ihre Sehnsucht nach dieser Einheit. Liebe ist das Wesen des gestimmten Instrumentes.

Und von dieser Liebe wird in der Baghavadgita, in dem Gespräch zwischen Krishna und Arjuna, erzählt.

Ein weiterer Weg, das eigene Instrument auf den Grundton der Welt zu stimmen und so Gottes Qualitäten im eigen Ich zu entdecken und zu entfalten, ist die Spontanität. Der Mut, neue Wege zu gehen, und der Mut, der Intuition zu folgen, öffnet neue Räume für die eigene Bewegung, für den Tanz, für die Entfaltung. Das Erkennen und Auflösen von Gewohnheiten, starren Verhaltensmustern und Mauern im eigenen Geist schafft Weite. Das Lauschen nach Innen und die Beweglichkeit nach Außen geben die Möglichkeit, der Stimme im eigenen Inneren zu folgen. So beginnt man den Grundton der Welt zu hören und durch ihn noch klarer zu leben und ihn dadurch noch klarer zu hören ... bis man schließlich selber der Urton geworden ist und sich durch das Stimmen des Instrumentes alles Starre, alle Sperren, alle Grenzen aufgelöst haben und man der Eine geworden ist. Und der Eine ist der Einzige und er ist daher auch grenzenlose Freiheit, denn was könnte ihn in irgendeiner Weise begrenzen?

Und von dieser Spontanität erzählt Lao-tse als dem Weg (Tao), den man durch das Nicht-Tun (Wu-Wei), also das Loslassen von starren Konzepten, Planungen und Absichten, erreicht, und der die Quelle der mühelosen Wunscherfüllung durch den Einklang zwischen Ich und Welt (Te) ist.

Und von dieser Spontanität erzählt auch Johannes im 3. Kapitel seines Evangeliums, wo Christus spricht: "Der Wind bläst, wo er will, und Du hörst sein Sausen wohl; aber Du weißt nicht, von wo er kommt und wohin er geht. Genauso sind auch die, die aus dem Heiligen Geist geboren sind."

Ein weiterer Weg, das eigene Instrument auf den Grundton der Welt zu stimmen und so Gottes Qualitäten im eigenen Ich zu entdecken und zu entfalten, ist die Aufrichtigkeit. Sie ist nicht nur Ehrlichkeit, sie ist auch das Streben nach Klarheit, Direktheit und Schlichtheit. Sie ist auch eng verbunden mit der Bejahung der Welt, denn wenn man die Welt bejaht, gibt es keinen Grund mehr, sie nicht so sehen zu wollen, wie sie ist, und sie (und sich selber) anders darstellen zu wollen, als sie ist. Dieses Akzeptieren zusammen mit der Aufrichtigkeit, die aus ihm entsteht, führen zur Wahrheit, zu dem, "was ist", zu dem Grundton der Welt.

Besonders wirkungsvoll auf diesem Weg ist das Ansprechen von Dingen, die man lieber im Verborgenen halten würde. Durch dieses Bejahen und "ans Licht holen" der Schattenseiten werden Grenzen aufgelöst, was auch immer eine große Erleichterung ist, denn das verbergende Taktieren, das Fast-Lügen und das Verdrehen der Wahrheit ist anstrengend, während das schlichte "So ist es." trägt und Kraft gibt. Diese Aufrichtigkeit ist nicht nur nach außen, sondern auch nach innen notwendig: "Ist es wirklich so? Will ich das wirklich? Ist das die Wurzel?" Das Verbergen verstimmt das Instrument und das Beichten stimmt es wieder.

Und von dieser Aufrichtigkeit erzählt die Lehre von C. G. Jung, die Legenden der Märtyrer und die Geschichten der hinduistischen und buddhistischen Yogis, die danach streben, alle Illusionen (Maya) aufzulösen.

Ein weiterer Weg, das eigene Instrument auf den Grundton der Welt zu stimmen und so Gottes Qualitäten im eigenen Ich zu entdecken und zu entfalten, ist die Betrachtung von Zusammenhängen. Nichts steht für sich allein - alles steht in Zusammenhängen: die Luft mit dem Atmenden, das Wachsen der Pflanzen mit dem Licht der Sonne, das Kind mit den Eltern, das Gebet mit der Hilfe, mein Körper mit dem Brot, das Brot mit dem Korn, das Korn mit der Erde ... Nichts prägt eine lebendige Form ohne einen gestaltenden Kern - die Handlinien, das Gesicht, die Akupunkturpunkte, die Iris des Auges, das Horoskop sind alles Analogien, die von der Mitte her auf dieselbe Weise geprägt werden; und diese Mitte ist eine Form von Gottes Licht - die Seele.

Wenn sich in der Betrachtung und in der Handlung die Erkenntnis der Zusammenhänge mit der Erkenntnis der gestaltenden Mitte vereint, entsteht der "Weg mit Herz". Dieser Weg ist das Verlöschen der Einsamkeit, die

Auflösung der Sinnlosigkeit, er ist Lao-tses "Nicht-Tun" und Leibnitz' "prästabilierte Harmonie" - auf dem Weg des Herzens erkennt man die Schönheit der Welt und wird von ihr erfüllt und erblüht selber in Schönheit, denn Schönheit ist das ungehinderte Entfalten des gestaltenden Lichts der eigenen Mitte in allem, was man ist und was einem begegnet.

Und von dieser Schönheit und diesen Zusammenhängen erzählen die Kabbalisten, die die Welt in zehn vielfältig miteinander verbundene Bereiche gegliedert haben, deren unterster Malkuth, "Das Reich", die Vielfalt der materiellen Welt ist, und deren oberster Kether, "Die Krone", heißt und die Einheit bezeichnet, und zwischen denen Tiphareth, "Die Schönheit" liegt, die die Seele, Christus, Buddha, Krishna und die alles verbindende Mitte ist.

Und diese Schönheit rufen viele Lieder der Navahos wie auch dieses: "Ich gehe in Schönheit vor mir; ich gehe in Schönheit hinter mir; ich gehe in Schönheit über mir; ich gehe in Schönheit unter mir; ich gehe in Schönheit rings um mich her; ich gehe mein Leben in Schönheit; alle meine Gedanken sind voller Schönheit - Ho!; alle meine Worte sind voller Schönheit - Ho!; alle meine Taten sind voller Schönheit - Ho!; während ich mein Leben in Schönheit gehe, während ich mein Leben in Schönheit gehe."

Ein weiterer Weg, das eigene Instrument auf den Grundton der Welt zu stimmen und so Gottes Qualitäten im eigenen Ich zu entdecken und zu entfalten, ist der Wille. Der Wille bewegt den Körper, er lenkt die Taten. Dies ist die Außenseite des Willens: die Kausalität. Die Innenseite der Wirkung des Willens ist das Echo, das ein entschlossener Wille in der Welt hervorruft: die Magie.

Wenn der Wille klar genug ausgerichtet und entschlossen genug ist, tritt immer ein solcher Widerhall ein, meistens in der Form von auffällig sinnvollen Zufällen, die einem das geben, was man wollte. Oft ist es aber so, daß die Wirkung zwar eintritt, aber den einen oder anderen "Pferdefuß" hat. Diese Abweichungen von dem gewünschten Ergebnis entsprechen genau den Unklarheiten des eigenen Willens: es war kein klares "Ja", sondern ein "Ja, aber...", und dieses "aber" im Willen findet auch seinen Widerhall in der Welt und erscheint so als Makel in der magischen Wirkung.

Die Lösung liegt also in der Klärung des Willens. Dieser reine, widerspruchsfreie Wille wird erreicht, wenn sich der Wille nicht an einem begehrten Objekt entzündet, sondern wieder als die Ausstrahlung der Seele, der Persönlichkeitsmitte, erkannt und erlebt und gelebt wird. Dann ist der Körper auf den eigenen Wesenskern gestimmt und dann entspricht der Widerhall in der Welt auch genau dem Charakter des Wesenskernes. Dann trägt die magische Wirkung des Willens auch keinen Makel mehr und die entstehende Freude quillt dann nicht nur aus einer einzelnen Handlung, sondern aus dem Wesenskern.

Diese Freude, dieses Erfülltsein, diese Mühelosigkeit und diese Harmonie zwischen innen und außen sind die Hauptmerkmale des "Erwachens", der Rückkehr von der Koordination zwischen "Persönlichkeitsoberfläche" und Alltagsgeschehen zur Koordination zwischen Wesenskern und Welt. Dieses Stimmen auf den Wesenskern, das wie ein Erwachen aus dem "Traum des Normalbewußtseins" erlebt wird, entsteht durch Selbstbejahung und durch den Entschluß, nichts anderes mehr zu wollen als das, was man im Innersten will, und davon alles haben zu wollen: Der sicherste Weg, das zu erhalten, was man haben will, ist nichts mehr anzunehmen, was man nicht haben will.

Der nächste Schritt entsteht aus der Frage nach der Herkunft des Willens, aus der Suche nach der Heimat, aus dem Versuch, Beziehungen zu verstehen, und aus den Fragen nach dem Wesen anderer Berührungspunkte zwischen Ich und Welt. Auch das "Erwachen" selber hat die Dynamik, einen zur nächsten Stufe des "Stimmen des Instrumentes" zu tragen. Hier wird die Welt als Kontinuum erlebt, als Auflösung der Grenzen und festen Formen zu bloßen Konturen in der einen, allem zugrundeliegenden Substanz. Aus dem "Schwimmer" wird ein Teil der "Strömung", die sich im Rhythmus von "Ebbe und Flut" bewegt. Die Persönlichkeit bleibt noch erhalten, aber sie ist durch ihre Qualität und nicht durch ihre Abgrenzung definiert. Sie ist einsgerichtet aus ihrer klar wahrgenommenen Qualität heraus und sie erlebt in allen Dingen "denselben Geschmack", da sie alle Dinge annimmt und nichts mehr ablehnt, denn ohne Grenzen gibt es keine Trennung zwischen innen und außen mehr und keine Unterscheidung zwischen "Ich" und "Nicht-Ich".

Durch dieses Grenzenauflösen wird der Wille zum einen viel mächtiger und ruft eine viel größere Resonanz in der Welt hervor und ist daher in der Lage, entgegen den gewohnten Naturgesetzen zu handeln; aber er findet zum anderen auch seine Motivation in der Welt als Ganzer - diese größere Macht bedeutet zugleich auch ein viel weiteres, die Welt umfassendes Ich-

Erlebnis, sowie eine entsprechend weitere Wahrnehmung, die nicht auf die materiellen Sinnesorgane beschränkt ist, und schließlich eine von der Verantwortung für das Ganze geprägten Motivation.

Wer nach dieser Macht des Willens strebt, wird, wenn er sie erreicht hat, sein Ich auf die ganze Welt geweitet und seine Motivation zur Gesamtverantwortung gewandelt finden, denn nur die Aufgabe der Illusion eines begrenzten, festen, dauerhaften, beständigen und einheitlichen Ichs ermöglicht das dauerhafte Erreichen dieses Zustandes.

Aus diesem Kontinuum findet man schließlich durch die Konzentration auf den "einen Geschmack" in allen Dingen, der die Wurzel des Willens ist, zu der Einheit hinter der Vielfalt der Erscheinungen. Und diese Einheit ist die Allmacht des Schöpfers. Zugleich mit der Allmacht wird man diese Einheit, dieses "Ich bin" und die eigene Motivation wird zum "Die Welt ist, wie sie ist.", denn man hat nun die größte aller Freuden erreicht, den Einklang zwischen Schöpfer und Schöpfung, zwischen der materiellen Außenseite der Welt und der Bewußtseins-Innenseite der Welt, die beide nicht wirklich Verschiedenes sind, sondern nur zwei Seiten desselben. Freude ist der innerste Zusammenhang zwischen Bewußtsein und Materie.

Und von dieser Allmacht und dieser Freude erzählt Moses in der Genesis von jedem Abend der sechs Schöpfungstage: "Und Gott sah an alles, was er gemacht hatte, und siehe da, es war sehr gut."

Ein weiterer Weg, das eigene Instrument auf den Grundton der Welt zu stimmen und so Gottes Qualitäten im eigenen Ich zu entdecken und zu entfalten, ist das positive Denken. Diese mit dem Vertrauen in die Welt verbundene Konzentration auf das, was man erreichen will, hilft, sich auf die Zukunft auszurichten und nach und nach einengende Vorstellungen und selbstgesetzte Grenzen aufzulösen. Sie sind eine Zusammenfassung der ersten drei von Buddhas vier Voraussetzungen für eine Veränderung: 1. das Leid, 2. der Entschluß, das Leid zu beenden, 3. das Vertrauen, daß dieser Entschluß verwirklicht werden wird, und 4. die Methode seiner Verwirklichung.

Das positive Denken führt schließlich zu der "Grundhaltung der Magie": zu der entspannten Konzentration. Die Konzentration entsteht aus dem Willen und dem Entschluß, und die Entspanntheit entsteht aus dem Vertrauen. Die entspannte Konzentration ist ein Mittel des Stimmens der Psyche und der Handlungen auf den Schutzgeist, den eigenen Wesenskern. Dadurch entspringt das eigene Streben nach und nach immer tieferen Quellen, bis sich die Konzentration zu einer eindeutigen Entschiedenheit klärt und festigt und ausrichtet, und sich die Entspanntheit in ihre ursprünglichste Form, in den Humor zurückverwandelt. Beim Erreichen der Einheit wird die Entschiedenheit schließlich zu Strenge, zu dem "So ist es.", während der Humor zu Freiheit und Anteilnahme und Liebe wird.

Und von dieser Strenge erzählen die Propheten und Prediger des Alten Testamentes und Mohammed in den Suren des Koran.

Ein weiterer Weg, das eigene Instrument auf den Grundton der Welt zu stimmen und so Gottes Qualitäten im eigenen Ich zu entdecken und zu entfalten, ist die Auflösung der Illusion der Grenzen. Je mehr man Zusammenhänge und Abhängigkeiten betrachtet, desto deutlicher sieht man, wie das eigene Glück und Wohlergehen mit dem der anderen verbunden ist.

Das daraus entstehende Gemeinschaftsgefühl ist die Grundlage für die Barmherzigkeit. Diese ist Anteilnahme, Hilfsbereitschaft und Verantwortung für das Ganze. Das Entwickeln von Barmherzigkeit ist zugleich auch das Leben aus größeren Zusammenhängen heraus - das Ich als Motivationsursprung wird über die Gemeinschaft bis hin zur alles umfassenden Einheit geweitet.

Für diese Einheit ist die Barmherzigkeit eine Selbstverständlichkeit, da die Welt sozusagen ihr Körper ist und ihr somit am Wohlergehen aller ihrer Teile gelegen ist. Diese Barmherzigkeit Gottes erstreckt sich daher auch auf jeden einzelnen Menschen. Diese Erfahrung kann jeder machen, der betet. Die Barmherzigkeit ist gewissermaßen die "Bereitwilligkeit der Welt bzw. Gott", in Resonanz zu unserem Willen und unseren Entschlüssen zu treten. Die Kabbalisten drücken dies mit einem Sprichwort aus: "Wenn Du einen Schritt auf Gott zugehst, kommt er Dir zehn Schritte entgegen."

Und von dieser Barmherzigkeit erzählt auch die Bibel, der buddhistische Theravada, die jüdische Thora und der Koran. Die Barmherzigkeit ist eine der wichtigsten Eigenschaften von Buddha und Christus: Sie ist dem Buddhismus zufolge eine der vier Grundeigenschaften des Erleuchteten, und auf diese Eigenschaft setzen auch die Christen ihre Hoffnung: "Kyrie eleison, Christi eleison - Herr, erbarme Dich, Christi, erbarme Dich!"

Ein weiterer Weg, das eigene Instrument auf den Grundton der Welt zu stimmen und so Gottes Qualitäten im eigenen Ich zu entdecken und zu entfalten, ist die klare Wahrnehmung. Wenn man bereit ist, zuzuhören und hinzusehen statt an seinen Meinungen und Vorurteilen festzuhalten, entsteht Erkenntnis, ein klares, unverzerrtes Bild der Welt im eigenen Inneren. Diese klare Wahrnehmung läßt Anteilnahme entstehen und beide zusammen öffnen einem die Augen dafür, welche Hilfe die Menschen brauchen, die einem begegnen. Daraus wiederum ergibt sich das Erkennen der Zusammenhänge zwischen allen Dingen und ihrem Weg zur Erleuchtung. Dieses klare Urteil über alles, was einem begegnet, führt zur Gerechtigkeit, zu der Fähigkeit, immer im richtigen Moment das Richtige zu tun und dadurch auch die Entwicklung derer zu fördern, die einem begegnen.

Und von dieser Gerechtigkeit erzählt Mohammed im Koran, wenn er betont: "Allah ist ein gerechter Gott."

Ein weiterer Weg, das eigene Instrument auf den Grundton der Welt zu stimmen und so Gottes Qualitäten im eigenen Ich zu entdecken und zu entfalten, ist die Aufmerksamkeit. Zunächst hilft sie, das, was man mit seinen Sinnen wahrnimmt, klarer zu erkennen. Doch wenn man sie beharrlich übt, wird man nach einiger Zeit durch die Sinneswahrnehmungen hindurch auch die Gedanken anderer Menschen, Dinge hinter verschlossenen Türen oder zukünftige Ereignisse wahrnehmen können.

Dieses Gewahrsein wird gemeinsam mit dem sich weitenden Ich-Verständnis und dem wachsenden Mitgefühl und der sich ausdehnenden Handlungsfreiheit, die sich alle vier gegenseitig bedingen, immer umfassender werden, bis es schließlich in die Allwissenheit der Einheit mündet, die sich der Welt, also ihrer Außenseite, vollständig bewußt ist. So führt die Aufmerksamkeit von der Sinneswahrnehmung über die telepathischen Fähigkeiten zur Ausdehnung des bewußten Ichs auf die ganze Welt.

Und von dieser wachsenden Wahrnehmung berichten Daskalos, Yogananda und Milarepa sowie viele andere Heiler und Yogis, wenn sie das "Landschaftsbewußtsein" erlangen und alle Dinge um sich her innerhalb eines sehr großen Radius wahrnehmen.

Ein weiterer Weg, das eigene Instrument auf den Grundton der Welt zu stimmen und so Gottes Qualitäten im eigenen Ich zu entdecken und zu entfalten, ist die Klärung der eigenen Motivationen. Sie führt von der Oberfläche in die Tiefe, entspannt Verkrampfungen, löst Verzerrungen auf, heilt Entstellungen und führt so nach und nach bis zu dem eigenen Schutzgeist, dem eigenen Wesenskern, dem Impuls, der zu der eigenen Geburt führte. Durch die Weiterverfolgung des Ursprungs der Motivation findet man dann zu den gestaltenden Kräften auf der Ebene des Kontinuums des Bewußtseins und der Materie und schließlich zu dem alles erschaffenden "Ich bin" der Einheit aller Dinge.

Und von diesem Schöpfer, diesem Urgrund, diesem "Ich bin" erzählen alle Religionen.

Ein weiterer Weg, das eigene Instrument auf den Grundton der Welt zu stimmen und so Gottes Qualitäten im eigenen Ich zu entdecken und zu entfalten, ist die Bejahung. Sie klärt die Wahrnehmung und befreit die Handlungen und führt zu der Erkenntnis der Welt. Durch sie erlebt man sich selber und seinen Lebenstanz – und man erlebt seinen Lebenstanz als einen Teil des Tanzes der Welt. Und der Tanz der Welt ist Gott, der tanzt – die sich in Raum und Zeit und Vielfalt ausdrückende Einheit.

Da dieser Tanz der Ausdruck der Einheit ist, gehören alle Teile des Tanzes zu ihm und ist keine Geste, kein Schritt dieses Tanzes mehr oder weniger wichtig oder gar verzichtbar. Aus demselben Grund - die Einheit der Quelle des Tanzes der Welt - ist dieser Tanz vollkommen, braucht jedes Teil alle anderen Teile, schwingen alle Teile mit allen anderen teilen, und bildet dieser Tanz ein Muster aus Wirbeln in der in sich ruhenden Einheit.

Das Bejahen öffnet das eigene Herz für die Wahrnehmung der Welt und führt zum Erleben der Vollkommenheit dessen, was man selber im Innersten ist. Die Bejahung öffnet das Tor zum Erleben der Fülle in allem, was geschieht - zum Trank aus dem Gral, der den Lebensdurst stillt.

Und von dieser Vollkommenheit erzählen die Rabbis, die über den kabbalistischen Lebensbaum meditieren.

Ein weiterer Weg, das eigene Instrument auf den Grundton der Welt zu stimmen und so Gottes Qualitäten im eigenen Ich zu entdecken und zu entfalten, ist die der Gleichmut. Diese Haltung ist das Annehmen und Bejahen aller Dinge und Ereignisse als Erscheinungsformen der Einheit. Wenn alle Dinge Ausdruck des Einen sind, kann man in allen Dingen das Eine finden und dieses Entdecken des Einen in allem beginnt mit dem Erleben eines Klanges, eines Geschmacks, einer Qualität in allen Dingen. Dieser eine Geschmack in allen Dingen ist das Tor zum Ewigen, Immer-Gleichen, Unwandelbaren.

Dieser Weg ist wie die Kunst des Yudo: man benutzt die Stärke des (äußeren oder inneren) Feindes, um ans Ziel zu gelangen. Je stärker der Feind, je größer die eigenen Ängste, Süchte oder der Haß, desto stärker kann man mit ihnen den Bogen der Motivation spannen, der den Pfeil der Entschlossenheit in das Erleben des einen Geschmacks schießt.

Was ist das größte Hindernis in der eigenen Psyche? Die Angst vor dem Tod, vor Fremdbestimmung, vor Hunger? Die Gier nach Sex, nach Reichtum, nach Macht? Der Haß auf sich selber, die Eltern, den Ehepartner, die eintönige Arbeit?

Wenn es z.B. die Fixierung auf den Sex ist, besteht dieser Weg darin,daß man die Sexualität in allen Dingen betrachtet: man erinnert sich an alle eigenen sexuellen Erlebnisse und stellt sich dieses Erlebnis bei allen Menschen vor, die man kennt; dann stellt man sich die Vereinigung der eigenen Eltern vor, die zu der eigenen Geburt geführt hat, und dann die der Großeltern, der Geschwister, der Nachbarn, aller Menschen, über die man irgendetwas weiß bin hin zu Adam und Eva; dann die Vereinigung bei den Tieren und den Pflanzen; dann die Vereinigung von Gegensätzen in der Landschaft wie Berg und Tal oder Land und Meer; dann die Vereinigung von Gegensätzen in der Molekülbildung wie z.B. Natrium + Chlor = Salz; ebenso die Vereinigung von Gegensätzen im atomaren Bereich wie z.B. 1 Proton + 1 Elektron = 1 Wasserstoffmolekül ...

Diese Betrachtung führt man solange in jeder erdenklichen Richtung fort, bis schließlich die Welt als reine Sexualität erscheint. Zunächst wird dadurch natürlich die Bedeutung der Sexualität gesteigert, bis schließlich die ganze Welt in dieser einen Qualität aufleuchtet und nur noch diesen einen Geschmack hat. Aber nach einer Weile löst sich dann diese Qualität, oder genauer gesagt, die Wahrnehmung dieser Qualität, auf, da es nichts mehr gibt, was nicht von ihr erfüllt wäre und somit einen Kontrast zu ihr bilden könnte. Dann tritt hinter dem einen Geschmack die Ruhe und der Frieden der Einheit hervor - die buddhistische Tugend des Gleichmutes.

Und von diesem Gleichmut, diesem einen Geschmack und diesem Weg erzählen die nordindischen und tibetischen Tantra-Yogis, die Mahasiddhis.

Sie nennen diesen Weg "Wasser im Ohr mit Wasser entfernen".

Ein weiterer Weg, das eigene Instrument auf den Grundton der Welt zu stimmen und so Gottes Qualitäten im eigenen Ich zu entdecken und zu entfalten, sind Schlichtheit und Direktheit. Diese führen zu Konzentration und Aufrichtigkeit und Bejahung und über diese zum Erkennen des Einsseins mit allem. Schlichtheit bringt Klarheit, und Direktheit bringt Wahrheit. Klarheit und Wahrheit helfen zusammen, die Welt so zu sehen, wie sie ist.

Und von dieser Schlichtheit und Direktheit erzählen Lao-tse, Dschuang-tse und andere Taoisten. Diese beiden Qualitäten galten auch in der alten chinesischen und japanischen Dichtkunst als Merkmale guter Lyrik.

Ein weiterer Weg, das eigene Instrument auf den Grundton der Welt zu stimmen und so Gottes Qualitäten im eigenen Ich zu finden, ist die Betrachtung der Lebenskraft. Diese Betrachtung läßt einen alle Menschen, Tiere und Pflanzen, alle Berge, Seen und Wolken als Brüder und Schwestern erleben: getrennte Körper, aber eine alles belebende Kraft, die Gottes Atem, Prana, der Heilige Geist ist.

Und von dieser Einheit aller Wesen die Indianer und alle Völker, die noch eng mit der Natur verbunden leben.

Ein weiterer Weg, sein Instrument auf den Grundton der Welt zu stimmen und so Gottes Qualitäten im eigen Ich zu entdecken und zu entfalten, ist die Dankbarkeit. Der Dank bestätigt mit Erkennen und Fühlen, daß man etwas erhalten hat und verbindet dadurch den dankbaren Empfänger mit dem Geber. Der Weg des Dankes bezieht alles mit ein: Dank für die Speise, die Wohnung, die Luft, die Nähe, das Gespräch, das Leben, die Begegnung ... Dieser Dank schafft Vertrauen und löst ganz sanft die vermeintlichen Grenzen des Ichs auf und läßt das Ich in Liebe zu allem erstrahlen, bis man schließlich die Liebe als das erkennt, was alles miteinander verbindet. Die Liebe ist das erste Erkennen von Gottes Bewußtsein in der Welt, in der die ganze Vielheit geborgen ist.

Und von diesem Einssein in Liebe erzählen fast alle Mystiker.

Ein weiterer Weg, sein Instrument auf den Grundton der Welt zu stimmen und so Gottes Qualitäten im eigenen Ich zu entdecken und zu entfalten, ist das Streben nach Selbständigkeit. Dieses Streben weitet den Entscheidungs-spielraum und die Handlungsmöglichkeiten aus. Da die Handlungen nur effektiv sind, wenn sich das Streben nach Selbständigkeit mit dem Streben nach der Erkenntnis der eigenen Persönlichkeit und der Welt verbindet, fördert das Streben nach Selbständigkeit auch das Niveau der Erkenntnis.

Wenn sich der aus dem Streben nach Selbständigkeit entstehende klare Egoismus mit der aus dem Streben nach Erkenntnis entstehenden Weitsicht verbindet, entsteht verantwortungsvolles Handeln. So entfalten sich auf diesem Weg allmählich klare Ziele, effektives Handeln und somit Freiheit. Aus dem völligen Festgelegtsein durch die äußeren Umstände entwickelt sich so das Erleben des eigenen freien, gestaltenden Willens und schließlich das Erleben der Freiheit als Grundqualität aller Dinge und Erscheinungen.

Und von diesem Einssein in Freiheit erzählen viele Magier.

Ein weiterer Weg, das eigene Instrument auf den Grundton der Welt zu stimmen und so Gottes Qualitäten im eigenen Ich zu entdecken und zu entfalten, ist der Tanz.

Der Tanz braucht eine Quelle - sonst entsteht keine Bewegung. Deshalb klärt der Tanz die Motivation und führt zum Ursprung.

Der Tanz braucht unwandelbare Ruhe - sonst stürzt man. Deshalb führt der Tanz den Tanzenden zu sich selber.

Der Tanz braucht Orientierung - sonst stößt man sich. Deshalb entfaltet der Tanz die Intuition, die die Tänzer auch noch mit geschlossen Augen jeden Schritt sicher setzen läßt.

Der Tanz braucht den Einklang - sonst entsteht nicht sein Schwingen. Deshalb ist der Tanz eine Quelle der Freude, denn in ihm finden Ruhe und Bewegung, Innen und Außen, Teilnahme am Ganzen und Konzentration auf das Hier und Jetzt zu einem gemeinsamen Rhythmus.

Der Tanz braucht die Freiheit - sonst entsteht keine zweckfreie Bewegung. Deshalb ist der Tanz ein Führer zu dem eigenen, gestaltenden, freien Willen.

Der Tanz braucht die Liebe zu sich selbst - sonst würde man sich nicht im Tanz entfalten.

Und von dieser erweckenden Wirkung des Tanzes erzählen die Brahmanen in ihren Geschichten über Shiva, den Gott des Feuers, des Tanzes und der Meditation, von dieser erlösenden Wirkung des Tanzes sagt der Sufi

Maulana Rumi "Wer die Kraft des Reigens kennt, lebt in Gott.", und von dieser heilenden Wirkung des Tanzes erzählt Kirchenvater Augustinus:

"Ich lobe den Tanz, denn er befreit den Menschen von der Schwere der Dinge, bindet den Einzelnen zur Gemeinschaft. Ich lobe den Tanz, der alles fordert und fördert ... Gesundheit und klaren Geist und eine beschwingte Seele. Tanz ist Verwandlung des Raumes, der Zeit, des Menschen, der dauernd in Gefahr ist, zu zerfallen, ganz Hirn, Wille oder Gefühl zu werden. Ich lobe den Tanz ... O Mensch lerne tanzen, sonst wissen die Engel im Himmel mit Dir nichts anzufangen!"

Ein weiterer Weg, das eigene Instrument auf den Grundton der Welt zu stimmen und so Gottes Qualitäten im eigenen Ich zu entdecken und zu entfalten, ist das "Sei jetzt hier!" Es löst den Schleier der Vorstellungen und Gewohnheiten auf und läßt wieder frisches Wasser fließen. Es öffnet das Tor zur Wirklichkeit und läßt den Kontakt zu dem, was ist, neu entstehen und ist daher der Keim der Freude. Es ist der Beginn der Entspannung, denn es läßt Verzerrungen los, und es ist der Beginn der Konzentration, denn es läßt die Zerstreutheit los, und es ist der Beginn der Lebendigkeit, denn es weckt das Herz, das ohnmächtig im Netz der Sachzwänge und Lebensängste und Süchte liegt.

Und von diesem "Sei jetzt hier!" erzählt Lao-tse in seinen Versen über das Nicht-Tun.

Ein weiter Weg, das eigene Instrument auf den Grundton der Welt zu stimmen und so Gottes Qualitäten im eigen Ich zu entdecken und zu entfalten, ist der Humor. Er erhebt über den Zwang, die Substanz, den Alltag. Das Lachen löst Spannungen und macht unverzagt. Der Humor gibt Abstand und Teilnahme, gibt Souveränität und Hingabe, gibt Klarheit und Einsgerichtetheit.

Und von diesem Humor erzählt Buddhas feines Lächeln und die derben Späße vieler Schamanen und das Lachen der tibetischen Lamas.

Ein weiterer Weg, das eigene Instrument auf den Grundton der Welt zu stimmen und so Gottes Qualitäten im eigenen Ich zu entdecken und zu entfalten, ist der Egoismus. Nur Entschlüsse, die von Egoismus getragen sind, werden zu Taten voller Kraft. Je mehr der Egoismus von Vorschriften,

Gewohnheiten und Ersatzhandlungen gereinigt und zu seiner ursprünglichen Form geklärt wird, desto größer wird die Lebenskraft, denn der Egoismus ist das zu Motivation gewordene innere Wahre Wesen und aus diesem Wahren Wesen entspringt alle Kraft.

Alles Handeln stammt aus dieser Quelle, aber manchmal werden die Impulse dieser Quelle durch Ängste, Süchte, Machtstreben, Absicherungen, Ersatzhandlungen und andere alte Überlebensstrategien so entstellt, daß in der Tat der ursprüngliche Impuls nicht mehr zu wiederzuerkennen ist.

Die Bejahung des Egoismus hilft diese Verzerrungen abzubauen, denn sie führt zu Direktheit und Intensität. Wenn man die Impulse seines inneren Wahren Wesens weitgehend unverzerrt in seine Taten umsetzen kann, wird man erkennen, daß man kein isoliertes Einzelwesen ist. Dadurch weitet sich der "Ich-Egoismus" zum "Gruppen-Egoismus". Wenn sich die Grenzen zwischen innen und außen im eigen Erleben auflösen, weitet sich der "Gruppen-Egoismus" zum "Welt-Egoismus".

Entsprechend verändert sich auch jedesmal die Motivationslage. Der auf diese Weise aus Individualegoismus über das Sozialengagement entstandene Altruismus ist aber keineswegs ein Gegner des Egoismus, sondern der durch Einsicht und Erleben geweitete individuelle Egoismus, der auf jedem seiner Niveaus dieselbe Stärke besitzt. Schließlich wird der Egoismus zu dem "Ich bin." der Einheit.

Diese Weiterentwicklung des Egoismus ist immer nur durch die Bejahung des Egoismus, nie durch seine Bekämpfung möglich. Diese Weiterentwicklung entsteht dadurch, daß man Schritt für Schritt immer tiefere Schichten seiner Motivation erkennt, was direkt mit dem sich allmählich zur Einheit hin weitenden Selbstbild zusammenhängt.

Und von diesem Egoismus, dieser unbedingten Notwendigkeit der Selbstbejahung erzählen fast alle psychologischen Therapien.

Ein weiterer Weg, das eigene Instrument auf den Grundton der Welt zu stimmen und so Gottes Qualitäten im eigenen Ich zu entdecken und zu entfalten, ist die Mühelosigkeit. Arbeit, die schwächt, ist nicht vom Willen getragen, sondern sachzwangbestimmt. Handlungen, die dem inneren Wahren Wesen entspringen, stärken und begeistern und gelingen mühelos. Die Einheit hinter allen Dingen ist, wie sie ist; und wenn man den Einklang mit ihr gefunden hat, gibt es keinen Unterschied mehr zwischen dem, was man will, und dem, was geschieht. Wenn man stets nach dem sucht, was mühelos ist, spontan gelingt, was ohne Einschränkung bejaht und angenommen werden kann, mit Freude erschaffen wird und sich wie Tanzen anfühlt, gelangt man am schnellsten zur Freude, zum Einklang.

Und von dieser Mühelosigkeit erzählt Mohammed, wenn er im Koran niederschrieb, daß Gott seinen Gläubigen den Weg zu ihm nicht schwer macht.

Ein weiterer Weg, das eigene Instrument auf den Grundton der Welt zu stimmen und so Gottes Qualitäten im eigenen Ich zu entdecken und zu entfalten, ist die Betrachtung der Gleichartigkeit der vielen Wege zu einem Leben aus der Einheit heraus. Wenn man betrachtet, wie aus der Qualität eines jeden dieser Wege die Qualitäten aller anderen Wege entsteht, beginnen sie alle "denselben Geschmack" zu haben. Wenn man dann zudem erkennt, daß man selber alle diese Eigenschafen zumindest ansatzweise auch in sich trägt, beginnt dieser "eine Geschmack" auch im eigenen Ich zu erscheinen. Die Aufmerksamkeit auf diesen "einen Geschmack" führt schließlich zum Erleben der Einheit.

Der erste Schritt dieses Weges beginnt also mit der Frage: "Wo in mir finde ich Liebe, Freiheit, Wahrheit, Schönheit, mühelose Wunscherfüllung, Entschiedenheit, Barmherzigkeit, Gerechtigkeit, Wissen, Schöpferkraft, Vollkommenheit, Einheit, Einssein mit allen Wesen, Tanz Egoismus, Mühelosigkeit und alle die weiteren Eigenschaften, die die Einheit, Gott noch hat?"

Wenn man jede wenigstens als Keim in sich gefunden hat, beginnt man mit der zweiten Frage: "Wie entsteht jede dieser Qualitäten aus jeder anderen?" -Diese Betrachtung könnte dann folgendermaßen beginnen: Aus der Freiheit heraus handelt man entsprechend seinem innersten Willen und wird dadurch schöpferisch. - Liebe ermöglicht die Aufmerksamkeit auf den anderen und dadurch dessen Erkennen und ist so ein Weg zur Wahrheit. - Die Entschiedenheit und die Strenge richten alles auf das eine Ziel aus, das im eigenen innersten Wesen lebt, und führt dadurch zu einem mühelosen Handeln. - Wer die Wahrheit erkennt, erlebt die Einheit und sieht, daß er eins ist mit allen Wesen und handelt deshalb barmherzig, aber auch streng, denn was könnte, nachdem man die Wahrheit einmal erkannt hat, noch als wertvoll erscheinen außer dem Erleben der Einheit und dem Streben nach ihr? - Schöpferkraft und Freiheit führen zur mühelosen Selbstentfaltung und was ist dies anderes als Tanz? - Was könnte aus der Einheit, die sich aus Freiheit heraus als Vielheit entfaltet, und diese Vielheit durch die Liebe, die die Erinnerung an die Einheit ist, gestaltet, anderes entstehen als Schönheit? - ... Und der Einklang dieser Qualitäten miteinander ist eine Welle der Freude.

Leise weht der Wind
der volle, runde Mond steigt am Himmel empor
zieht seinen Weg zwischen einzelnen, kleinen Wolken,
die in seinem Licht leuchten
Mäuse rascheln im trockenen Gras auf der Lichtung
eine Eule heult im Kiefernwald

Ich stehe im Kreis aus zwölf Steinen
und singe ein altes Lied:
Ei aus weißem Mondlicht
umhülle mich
schütze mich
halte Schadendes fern
lasse Helfendes ein
verbinde mich mit dem Atem der Welt

Geister der Luft
ich bitte euch, kommt von Morgen her
und gebt mir euren Segen
helft mir, zu sehen, beweglich zu werden
mich zu verändern,
von Fesseln zu befreien
meinen Weg zu erkennen
und zu gehen
Dafür danke ich euch

   So sei es, sprach der Wind

Geister des Feuers
ich bitte euch, kommt von Mittag her
und gebt mir euren Segen
helft mir, zu tanzen, in meiner Kraft zu sein
mein Tier in mir zu finden
Macht loszulassen
und meine Kraft zu finden
und mein Lied zu singen

Dafür danke ich euch

So sei es, sprach die Flamme

Geister des Wassers
ich bitte euch, kommt von Abend her
und gebt mir euren Segen
helft mir, zu fühlen, zu lieben
mein Herz zu öffnen ohne es zu verlieren
helft mir, die Wüste loszulassen
und der Fülle meine Augen,
meine Hände und mein Herz zu öffnen
Dafür danke ich euch

So sei es, sprach der Nebel

Geister der Erde
ich bitte euch, kommt von Mitternacht her
und gebt mir euren Segen
helft mir, zu bewahren, zu hegen
die Keime gedeihen zu lassen
die Knospen sich entfalten zu lassen
zu säen und zu ernten
und zu genießen
Dafür danke ich euch

So sei es, sprach der Felsen

Vater Sonne,
sende Dein Licht herab
wie einen Wasserfall
wie einen Turm
laß mich in Deinem Licht stehen
umhülle mich mit Deinem Licht
erfülle mich mit Deinem Licht
Vater Sonne, segne mich

Mein Sohn, vergiß nicht den Tanz,
vergiß nicht das Lachen!

Mutter Erde
nimm mich in Deine Arme
beende meine Hast, meine Anstrengung
meinen Durst, meine Leere

Mein Sohn, ich bin immer da
und Du bist immer bei mir.

Vater Sonne,
lasse Dein Licht bis in Mein Herz hinabstrahlen,
Mutter Erde,
lasse Dein Feuer bis in mein Herz hinauflodern,
damit sie sich dort verbinden
und die Gottheit in meinem Herzen erwacht
und in goldenem Licht erstrahlt

Da bist Du, meine Mitte, meine Quelle
im Tempel meines Herzens
geboren aus Licht und Feuer
aus Liebe und Freiheit
Wanderer durch meine Leben
Geliebter
alles, was ich bin,
bin ich aus Dir heraus
Du bist die Quelle und ich der Fluß
Du bist die Glut und ich die Flamme
Du bist die Eichel und ich die Eiche
Du gehst durch die Tore der Geburt und des Todes
Du warst schon oft Fluß, Flamme, Eiche
Dein Licht hüllt mich ein
erwärmt mich und erfüllt mich
Deine strahlende Mitte zieht mein Herz an

Dein Strahlen erweckt das Licht in meinem Herzen
und ich werde weit und voll
und Du bist in mir
Du und ich ist eins
Ich bin weit - die Quelle und der Fluß

Und in mir ist ein Sehnen nach dem Ursprung der Welt
Der Fluß rief die Quelle - und wurde eins mit der Quelle
nun ruft die Quelle das Wesen des Wassers
Bilder tauchen auf aus den Wogen der Nacht
ich stehe am Strand des Meeres
ein weißes Tor mit einer Krone als Siegel
ich knie nieder, verbeuge mich, trete ein
Formen lösen sich auf
Gestalten zerfließen
Weite, Fülle, Berührung, Begegnung, Willkommen
bis der Schleier schwindet
weißes, klares Licht
ohne Makel
ohne Anfang, ohne Ende
überall, eins
nicht kalt, nicht warm
weißes, klares Licht -
oben und unten, links und rechts,
vorne und hinten, in der Mitte, in mir
nur ein kleiner Sprung von hier,
und ich sehe die Welt in all ihrer Vielfalt
nur ein kleiner Sprung von dort,
und ich sehe das eine weiße Licht
die Einheit an der Wurzel von allem
Das klare, weiße Licht ist alles
erschafft alles
bewegt alles
ist Vielfalt an seinem Außen
und innen Einheit
es gibt nichts außer ihm

es ist alles
alles ist bewegt
und vergeht - an seinem Außen
alles ruht
und ist ewig - in seinem Innen

und aus dem Licht
aus mir
dringt befreites Lachen, Freude
und ich singe mein Leid
flechte es in das Lied der Sterne,
in das Lied der Kiefern, das der Mäuse
und lache und tanze
auf der Lichtung unter dem vollen Mond
im Kreis er zwölf Steine

VIII Liebe

Freude ist Einklang mit der Welt. Um diese Resonanz zu erreichen, ist es zum einen nötig, die eigene Qualität klar und strahlend zu entfalten, und zum anderen, sich zu öffnen, wahrzunehmen und teilzuhaben. Die Essenz der Selbstentfaltung ist der Egoismus und die Essenz des Teilnehmens ist die Liebe. Wenn sich beides verbindet, entsteht die Resonanz mit der Welt und und die Freude blüht auf.

Das Fundament der Liebe ist die Selbstliebe. Liebe fügt zusammen, verbindet, vereint - und wenn der eigene Körper, die eigene Psyche, das eigene Selbst nicht durch Liebe integriert werden, wo wäre dann der, der irgendetwas außerhalb von ihm lieben könnte?

In der Bibel heißt es: "Liebe Deinen Nächsten wie Dich selbst!" - nur wenn man sich selber liebt, kann man auch andere lieben. Selbstliebe ist bejahter, realitätsbezogener Egoismus.

Die "Beziehung" ist die bekannteste und sicher nicht die einfachste Form der Liebe, da sie sich hier mit Projektionen, Trieben, Selbstaufgabe, Machtkämpfen, Lebensplanung, spirituellem Streben und vielem anderem zu einem oft unergründlichen und manchmal auch unerfreulichen Gefühl vermischt.

Da das Leid in Beziehungen vor allem dadurch entsteht, daß die ursprünglichen Gefühle verformt, verdrängt, überlagert oder auf sonst eine Art verändert werden und diese "sekundären" Gefühle das Ich, die Quelle der Gefühle, verdecken und dadurch Ich und Welt trennen, liegt die Beendigung des Leides in Beziehungen in erster Linie in der "Reinigung" der Gefühle, wodurch sie wieder auf das Ich eingestimmt werden und dann mit der Zeit wieder ein direkter, unverfälschter Ausdruck der eigenen Mitte werden.

Eine Möglichkeit dieser Reinigung ist es, bewußt nichts mehr anzunehmen und zu tun, was sich nicht wirklich richtig und wahr anfühlt. Die Energie, die in den so vermiedenen Ersatzhandlungen steckt, opfert man der eigenen Mitte mit der Bitte, daß sie diesen Impuls zu einer Ersatzhandlung wieder in den ursprünglichen Impuls zurückverwandelt. Es ist hilfreich, dieses Opfern durch ein, zwei laut ausgesprochene Sätze und eine Geste auszudrücken - das Opfern erhält dadurch eine klare Form und mehr

Nachdruck.

Es ist sinnvoll, mit Kleinigkeiten zu beginnen, um durch die Erfolge dieses Opferns, also durch das Erleben der in ihre ursprüngliche Gestalt zurückverwandelten Gefühle Vertrauen zu dem eigenen Ich und zu dieser Methode zu gelangen. Durch dieses Vertrauen entsteht dann die Kraft und die Beharrlichkeit, auch größere Schwierigkeiten auf diese Art zu verwandeln.

Das geopferte Gefühl oder die geopferte Ersatzhandlung kann in seiner "erlösten Gestalt" als freudeerfüllter Zufall, als Erfüllung eines (heimlichen) Wunsches oder als allgemeine Erleichterung erscheinen. Auf jeden Fall entsteht mit dieser Verwandlung ein größeres Gefühl der "Richtigkeit" im eigenen Leben.

Eine andere einfache Hilfe bei dem Streben, mit seinen Handlungen wieder zu den Impulsen der eigenen Mitte zurückzukehren, ist es, sich bei jedem Impuls, der in einem auftaucht, zu fragen "Was will ich damit erreichen?" und dann zu prüfen, ob der aufgetretene Handlungsimpuls wirklich der effektivste Weg zu diesem Ziel ist.

Ein solches "Selbstgespräch" könnte wie z.B. wie folgt aussehen: "Impuls: in die Disco gehen - Prüfung: nicht tanzen wollen, sondern Leute kennenlernen wollen, war das Motiv - neuer Impuls: auf eine Fete gehen - Prüfung: erinnert, daß man Feten meist frühzeitig wieder verlassen hat - Feststellung: die Sehnsucht nach und gleichzeitig die Furcht vor Menschen, insbesondere in Beziehungen, behindern den entspannten Umgang mit Menschen - neuer Impuls: den Abend dazu nutzen, diesem Zwiespalt einmal auf den Grund zu gehen." Auf diese Weise ist man dann einem frustierten Disco-Abend entgangen und hat begonnen, sich um die Wurzeln der eigenen Unzufriedenheit zu kümmern. Vielleicht geht man dann ja später am Abend, wenn der eine oder andere Groschen gefallen ist, dann doch noch in die Disco, weil man jetzt so richtig Lust zu tanzen hat!

Wenn die Dinge nicht so sind, wie man sie gerne hätte, steckt fast immer ein "Ja, aber ..." dahinter - ein Wunsch und die Furcht vor der Erfüllung dieses Wunsches. Diese "abers" herauszufinden, ist meist schon die halbe Lösung. Eine Hilfe bei dieser Suche sind die Fragen "Bin ich wirklich dazu bereit?" - "Welche Bedingungen müssen alle erfüllt sein?" - "Wie würde es mir gehen, wenn dieser Wunsch erfüllt würde?" - "Wie ging es mir in der Vergangenheit damit?"

Meistens liegt dieses "aber" und die damit verbundenen Beziehungsprobleme vor allem in einem der folgenden drei Bereiche: 1. Nähe, aufgespalten in Sucht - Askese, 2. Macht, aufgespalten in herrschen - dienen, und 3. Selbstwertgefühl, aufgespalten in Größenwahn - Minderwertigkeitskomplex.

Wenn man sich einmal seine bisherigen Beziehungen und Freundschaften betrachtet, kann man meistens ohne allzugroße Mühe einige Ähnlichkeiten, Wiederholungen und Grundmuster erkennen. Wenn man nun einmal zu verstehen versucht, welche Motivationen, Bedürfnisse und Ängste in einem selber zu diesen sich wiederholenden Mustern führen, nähert man sich allmählich dem eigenen inneren "gegengeschlechtlichen Suchbild".

Wie würde man den eigenen Idealpartner bzw. die Idealpartnerin beschreiben? Und wie den Alptraumpartner/in? In den eigenen Beziehungsmustern werden sich die Eigenschaften von beiden finden, denn diese Hoffnungen und Befürchtungen sind fest miteinander verwoben, sind zwei Seiten desselben Themas. Es lohnt sich sehr, dieses Thema zu erkennen, denn sonst bleibt man nur ein Schauspieler im eigenen Drama und wird nie dessen Regisseur.

Bei näherer Betrachtung des Innenbildes des "Alptraumpartners" wird man feststellen, daß dessen auffälligsten Eigenschaften ganz eng mit den größten eigenen Schwächen und Ängsten zusammengehören. Ebenso sind die auffälligsten Eigenschaften des Idealpartners eng mit den eigenen Hoffnungen und Sehnsüchten verwandt. Das gesamte Suchbild, sowohl sein Sehnsuchts- als auch sein Furchtaspekt, ist also eine Spiegelung der eigenen Ängste und Sehnsüchte in das andere Geschlecht und von innen nach außen.

Das bedeutet, daß man in Beziehungen zunächst einmal vor allem das eigene Drama inszeniert und der Partner vor allem im Hinblick darauf ausgewählt wird, wie gut er/sie in das eigene, schon seit Jahren laufende Schauspiel paßt.

Spätestens seit C.G. Jung ist es bekannt, daß es sinnvoll ist, sich mit der Aufspaltung der Psyche in den bewußten, offiziellen Teil, das Ich ("Dr. Jekyll") und den unbewußten, verborgenen Teil, den Schatten ("Mr. Hyde") zu befassen und beide wieder zu einer Einheit zu verschmelzen. Genau parallel zu dieser Ich-Schatten-Spaltung verläuft auch die Spaltung des "gegengeschlechtlichen Suchbildes" in das Bild des Idealpartners und das Bild des Alptraumpartners. Je mehr sich Ich und Schatten wieder dadurch verbinden, daß man das sie trennende Thema allmählich auflöst, umso mehr verbinden sich auch die beiden Hälften des Suchbildes.

Aber bei diesem Vorgang geschieht noch etwas anderes: Je mehr sich Ich und Schatten miteinander verbinden, desto deutlicher nimmt in ihrer Mitte der eigene Wesenskern Gestalt an, da er nun nicht mehr hinter den emotional heftig aufgeladenen polarisierten Bildern verborgen wird. Die Projektion von Ich und Schatten in das "helle" und das "dunkle" gegengeschlechtliche Suchbild, die sich gleichzeitig mit der Annäherung von Ich und Schatten ebenfalls einander annähern, verlieren dabei wie auch Ich und Schatten viel von ihrer inneren Spannung. Und in ihrer Mitte erscheint wiederum der eigene Wesenskern, aber diesmal in der Gestalt des anderen Geschlechtes.

Wenn man dies erlebt, erkennt man, daß der eigene Wesenskern und das gegengeschlechtliche Bild des Wesenskernes, das man in seinem inneren Suchbild gefunden hat, eins sind. Die Vereinigung von diesen beiden inneren Bildern des Wesenskernes läßt einen großen inneren Frieden und eine große Freude entstehen, denn sie beendet die hektische Suche nach dem Traumpartner.

Wenn sich diese Erkenntnis und dieses Erlebnis gefestigt haben, werden aus den Beziehungen, die bisher selber das Ziel waren und das eigene Verhalten prägten, nun ein Ausdrucksmittel für den eigenen Wesenskern. Erst dann kann eine wirklich freie Beziehung entstehen, in der man den anderen unverzerrt wahrnimmt.

Diese Vereinigung der beiden inneren Bilder des eigenen Wesenskernes in der Gestalt des eigenen und des anderen Geschlechtes zu einem "geschlechtsunabhängigen" Bild streben auch C.G. Jung mit seinem Anima-Animus-Konzept, die Alchemie mit ihrem Sulphur-Mercurius-Ergänzungsgegensatz, und vor allem der tantrische Buddhismus und zum Teil der Hindhuismus mit seinen Meditationen, Ritualen und Zeremonien zur Vereinigung von Yogi und Yogini, von Shiva und Shakti, Gott und Göttin an. Diese Vereinigung wird in Tibet als der direkteste Weg zur Erleuchtung angesehen, da er einem der größten menschlichen Antriebe, dem Verlangen nach dem anderen Geschlecht, Frieden bringt und die in diesem Verlangen liegende Anspannung in Freude verwandelt.

Die Sexualität wird meist zunächst einmal als ein Teil der Liebe zu einem Menschen des anderen Geschlechtes aufgefaßt. Wenn man sich aber die Dynamik von Sexualität und Liebe betrachtet, erscheinen sie als Gegensätze: die Liebe weitet das Bewußtsein hin zur Einheit der Welt, während die Triebe den Körper auf den Orgasmus hin konzentrieren. Die Liebe ist ein Erkenntnisvorgang und die Triebe sind ein Schöpfungsvorgang. Die Liebe führt von der Vielheit zur Einheit, während die Triebe von der Einheit zur Vielheit führen. Gemeinsam ist ihnen die Verbindung mit einem anderen Menschen, aber die Dynamik und das Erlebnis von beidem ist sehr verschieden, wobei sie sich natürlich nicht gegenseitig ausschließen. Da aber die Sexualität im alltäglichen Erleben oft so eng mit der Liebe verbunden ist, lohnt es sich, auch die Sexualität einmal näher zu betrachten, wenn man die Liebe verstehen will.

Zunächst einmal ist die Sexualität der Instinkt, Kinder zu zeugen, und es entbehrt nicht einer gewissen Logik, wenn der Papst sie gerne auf das Kinderzeugen beschränkt sehen würde. Nun eignet sich ein solch starker Trieb vorzüglich dazu, alles erdenkliche auf ihn zu projizieren: von dem Durst nach Lebenskraft und Nähe über das Ausüben von Macht bis hin zur Stütze des eigenen Selbstwertgefühls. Solche Projektionen verhüllen und verformen das eigene Erleben der Sexualität und müssen daher aufgelöst werden, wenn man den richtigen Platz der Sexualität im eigenen Leben erkennen will.

Diese Reinigung, diese Auflösung der Funktionalisierungen der Sexualität durch andere Gefühle, Ängste und Süchte führt schließlich auch zu den beiden inneren Bildern des männlichen und des weiblichen Wesenskernes, durch deren Vereinigung sich die sexuelle Spannung auflöst und dann endlich von einem Ziel, auf das man fixiert ist und das die Wahrnehmung des eigenen Wesenskernes behindert, zu einem Ausdrucksmittel des eigenen Wesenskernes wird und dann auch unabhängig von der Kinderzeugung einen sinnvollen Platz im eigenen Leben finden kann.

Ein anderes, eng mit der Liebe verbundenes Thema ist die Frage nach der lebenslangen Verbindung mit einem Menschen. Wenn man in der Sexualität gut zusammenpaßt, ist das schon mal eine erste Grundlage für eine dauerhafte Beziehung; wenn man zusammen Kinder haben will, ist die Grundlage schon etwas solider; wenn man sich liebt, besteht schon eine gewisse

Erfolgsaussicht; aber erst, wenn man dieselben Lebensziele hat und sich im Erreichen dieser Ziele gegenseitig unterstützen kann, gibt eine solche Verbindung wirklich einen Sinn.

Wie eng oder dauerhaft eine Beziehung ist, ist eine Frage des Willens, der schöpferischen Freiheit, der Lebensgestaltung - es ist keine Frage der Natur und der Instinkte, sondern eine Frage der Kultur und des Willens. Daher lautet die Grundfrage in allen Arten von Beziehungen immer: "Was wollen wir gemeinsam erreichen?"

Liebe führt zu Leid, wenn sie ein Bedürfnis, ein Verlangen, ein Mangel ist; Liebe führt zu Glück und Freude, wenn sie Selbstausdruck und Fülle und Strahlen ist. Wenn Liebe innere Leere füllen soll, entsteht Unglück, denn nichts Äußeres kann die innere Leere füllen; nur die Selbstbejahung löst die inneren Trennungen und Aufspaltungen auf und dadurch auch den Schleier aus Ängsten und Süchten, der den Wesenskern und die von ihm ausstrahlende Kraft und Fülle verbirgt.

Solange man Beziehungen sucht und ihnen hinterherläuft, wird man im Mangel leben; wenn man beginnt, seinem Wesenskern zu lauschen, seinen Impulsen zu folgen und das zu tun, was man eigentlich schon immer gewollt hat, wird man in der Fülle leben. Denn wer fühlt sich schon zu einem Menschen hingezogen, der leer ist und saugt? Und einen Menschen, der mit Entschiedenheit und Freude und Humor sich selber lebt, wird fast niemand unsympathisch finden. Um zwischen Ich und Du etwas schwingen lassen zu können, muß vor allem in beiden erst einmal der Wesenskern zu strahlen beginnen.

Erst wenn man selber zu tanzen beginnt, kann sich ein zweiter zu einem gesellen, der mittanzt - erst aus den Pirouetten allein können sich die Schritte zu zweit entwickeln.

Nur wenn man einen Weg mit Herz geht, wird man Liebe finden, und es werden auf diesem Weg keine einzelnen Tropfen von Liebe sein und auch keine Bäche oder Seen, sondern man wird in der Liebe schwimmen, denn Liebe ist das, was alles verbindet. Auf diesem Weg wird man auch sein Herz öffnen können, ohne es zu verlieren, denn das Herz wird strahlen wie die Sonne und keinen Schutz mehr brauchen, und ihr Lied wird aus der innersten Quelle erklingen und die Lieder der anderen werden antworten, denn sie sind in ihrem tiefsten Grunde alle das eine Lied und diese

70

Erkenntnis ist die Liebe - der Klang und die Melodie des Liedes des Herzens.

Freude braucht die Selbstbejahung, denn sie fügt die Teile des eigenen Wesens zu einem Instrument zusammen. Freude braucht den Weg des Herzens, denn er ist das Lied, für das das Instrument erschaffen wurde, und er bringt die Klangfülle des Instrumentes zur Entfaltung. Freude braucht die Freiheit, denn nur in Freiheit kann das Lied im Herzen aufglühen und in den Taten erstrahlen und so zum Weg des Herzens werden. Freude braucht die Liebe, denn nur durch sie kann das eigene Lied mit den Liedern der anderen zusammenklingen und die gemeinsame Quelle aller Lieder in den Melodien zutage treten und das Tor aus der Einsamkeit hinaus in die Gemeinschaft öffnen. Die Freude braucht die Freiheit der anderen, denn nur in einem sich uneingeschränkt entfaltenden Tanz erblühen die drei Knospen Vertrauen, Verantwortung und Freude.

Liebe ohne Einschränkung, liebe hemmungslos, liebe strahlend, liebe aus Deiner Stärke heraus, liebe in Freiheit, liebe ohne eine bestimmte Form haben zu müssen, liebe und genieße das lieben, liebe die Quelle der Liebe in Dir, liebe die Quelle der Liebe in der Einheit aller Dinge, laß die Liebe in Deinem Herzen leuchten!

Wenn sich in der Liebe zu einem Menschen die Wahrnehmung des anderen, die Sexualität, die Inszenierung des Schauspiels der eigenen Psyche allmählich entwirren, weitet sich die Wahrnehmung der Liebe: Die Auflösung der eigenen Süchte und Ängste ermöglicht eine deutlichere Wahrnehmung des anderen als eigenständiges Wesen; die Lockerung der Fixierung auf die Sexualität läßt das Festhalten am anderen zu einem Teilnehmen am anderen werden; und das Erkennen des eigenen Wesenkernes zeigt, daß im Herzen aller Wesen dasselbe Licht leuchtet und das die Resonanz zwischen dem Licht in dem einem und dem Licht in dem anderen die Liebe ist.

Zwischen "wesensverwandten" Menschen ist diese Resonanz zunächst am stärksten und sie bleibt hier auch am bedeutsamsten, da diese Menschen in ihrem Leben gleiche Ziele gemeinsam anstreben und daher auf die eine oder andere Weise zusammenleben werden. Diese Liebe wird sich aber, je weniger man mit seiner Wahrnehmung an sich selbst verhaftet ist, als Verbundenheit mit allen Menschen, Tieren, Pflanzen, Steinen, Flüssen, Bergen,

Sternen erlebt werden.

Diese Liebe zur Natur, zur Welt als Ganzes ist nichts verworren-romantisches, sondern ein konkretes Erleben und Fühlen - ein Grashalm kann in einem wachen Moment als das größte Wunder erscheinen und das eigene Herz mit Liebe erfüllen. Und diese Liebe verbindet einen auch mit diesem Grashalm: man versteht auf einmal intuitiv das Wesen des Grashalms und hat vielleicht Visionen, die das zeigen, was im Bewußtsein des Grashalms ist.

Dann dauert es nicht mehr lange, bis das Gebot der Nächstenliebe und das Boddhisatva-Ideal, allen Wesen zur Erleuchtung zu verhelfen, aufhören, nur Gebote zu sein, denn sie werden durch das Erleben der Liebe zu allen Wesen zu einem selbstverständlichen, natürlichen Bedürfnis, denn man empfindet sich dann nicht mehr als von der Welt getrennt, sondern in Einheit mit ihr.

Man ist ein Knotenpunkt, ein Zentrum in den endlosen Mustern der Welt geworden, in dem alles mit allem zusammenhängt. Daher kann nun nur noch das Streben nach dem Glück des Ganzen sinnvoll sein.

Spätestens wenn diese Liebe zur Welt erwacht, wird man entdecken, daß auch schon andere früher vor einem diese Liebe gefühlt haben und durch sie zu dem Einen hinter all der Vielfalt, zu Gott geführt worden sind. Und diese Erkenntnis weckt ein Gefühl der Verwandtschaft mit diesen Menschen, mit Krishna, Buddha, Elias, Christus, Petrus, Milarepa, Mohammed, Ibn-Arabi ... Aus diesem Gefühl der Verwandtschaft wird Liebe zu diesen Menschen und diese Liebe verbindet noch mehr mit diesen Erleuchteten und diese Verbindung wiederum stärkt einen auf dem Weg des Herzens und zieht einen noch näher an das Ruhen im Licht des Einen. Und dies läßt wieder die Liebe zu den Erleuchteten wachsen.

Die Erfüllung der Liebe ist das Ruhen in dem Einen, das eigene vollständige Gestimmtsein, das Handeln aus Gott heraus.

Wenn ich atme, bin ich nicht mehr getrennt vom Wind
Wenn ich esse, bin ich nicht mehr getrennt von der Erde
Wenn ich trinke, bin ich nicht mehr getrennt vom Meer
Lehne ich es ab, dies zu sehen,
  so wird mein Herz einsam
Bejahe ich es, dies zu sehen,
  so wird mein Herz mit Liebe zu Wind und Erde und Meer erfüllt

Betrachte ich die Sonne
  und erfasse sie nur mit Zahl und Maß,
    so wird mein Herz kühl
Betrachte ich die Sonne
  und spüre ihren Widerhall in mir,
    so erwacht in meinem Herzen etwas der Sonne Verwandtes
    dann beginnt mein Herz selber zu leuchten
    in Wärme und Liebe und Freude

Schaue ich auf den Tanz der Welt,
auf die Vielfalt der Bewegungen,
  so sehe ich ein Spiel von Anziehung und Abstoßung,
  die ins Unendliche entfaltete Wirkung einfacher Gesetze
    wenn ich so schaue,
    sehe ich von außen den Tanz der Welt
Schaue ich von innen auf diesen Tanz,
  sehe ich Begegnung, Austausch und Verwandlung
  sehe ich, daß nichts einsam, isoliert, getrennt ist
    - der Tanz verbindet die einzelnen Dinge
Stehe ich erfüllt im Licht des Einen-Alles-Einzigen
und folge mit meinen Blicken der Vielheit der Bewegungen,
  dann sehe ich in allen Dingen Gestalten des Einen
  und in ihren Bewegungen das Wesen des Einen
  die Gesetze den Schöpfungsimpuls des Einen
    und so ist jede Kraft, jede Regung des einzelnen
    eine Erinnerung an das Wesen des Ganzen

Deshalb öffne Deine Augen
und Du wirst in jedem Schritt des Tanzes
Gottes Willen und Gestalt sehen
und Dich durch jede Regung an die Einheit erinnern
  Die Liebe wird in Deinem Herzen erwachen
  und sich nach dem Einen sehnen
  und Dein Herz wird Ihn in allem sehen
  und es wird erfüllt sein
  und in Liebe schwimmen
    denn alles Erschaffene ist nichts als Teile
      von Gottes Gestalt
    und die Liebe ist nichts als die Erinnerung und Sehnsucht
      nach der Einheit,
        die nun wieder sichtbar geworden ist

Die Liebe ist die Gegenwart des Einen in seiner vielfältigen Gestalt

IX Der Krieger

Freude entsteht, wenn man unbeirrbar seiner Wahrheit folgt, denn was anderes als die eigene Wahrheit könnte Freude entstehen lassen? Die Lüge schafft Enge und Berechnung und Verbergen und ein schlechtes Gewissen. Halbwahre Wege, Ausflüchte und Abweichungen führen zu Unklarheit und Verwirrung und Halbheiten und Kraftlosigkeit.

Um unbeirrbar seiner Wahrheit folgen zu können, braucht man Stärke. Nicht äußere Stärke, Macht über andere, sondern innere Stärke, klar ausgerichtetes Streben. Diese Entschiedenheit erreicht man durch die Erkenntnis, wer man ist und was man will. Dies klärt sich dadurch, daß man alles losläßt, was nicht wirklich Wahrheit enthält, dann dadurch, daß man seinen Wünschen folgt und sich nicht durch Gelegenheiten leiten läßt, und schließlich dadurch, daß man einsieht, daß nur echte, tiefe Ziele zu wirklicher Freude führen können: alle Ersatzbefriedigungen loslassen und sich ganz auf das höchste Ziel ausrichten.

Das Wesentliche des Kriegers und der Kriegerin ist der klare Egoismus: alle Motivationen sind bis zu ihrem Ursprung zurückverfolgt und von Verzerrungen gereinigt worden, wodurch eine große, strahlende, einsgerichtete Kraft entsteht, die Berge versetzen kann. Diese einsgerichtete Kraft schwingt in Freude und Mühelosigkeit und Herzenswärme.

Der Krieger und die Kriegerin sind unbeirrbar auf ihre Wahrheit ausgerichtet und entfalten sie mit Festigkeit im Ziel und Flexibilität in der Methode. Diese Ruhe des klaren Ziels und diese Beweglichkeit in der Verwirklichung sind die Quelle des Humors, den man bei allen Kriegern findet.

Die Haltung des Wankenden ist von außen nach innen gerichtet: geprägt werden, Bedürfnisse, Anpassung, Verdrängung, von der Erde leben.

Die Haltung des Kriegers und der Kriegerin ist von innen nach außen gerichtet: Selbstverwirklichung, gestalten, Wille, Erkennen, Weiten, Liebe, Stärke, aus Gott heraus leben.

Der Haltlose nimmt, was ihm begegnet; er tut, was sich ihm bietet; er wird von außen gelenkt – ein Schilfrohr im Wind, ein Blinder, der im Kreis herumirrt.

Der Krieger läßt alles fort, was nicht lebenswichtig ist oder was er nicht liebt; er schränkt sich auf das Wesentliche ein; er geht dorthin, wo das ist, was er sucht – ein großer Baum, ein Sehender auf dem Weg zu dem Berg, dessen Spitze den Himmel berührt.

Der Krieger hört auf das, was da ist; er ist im Hier und Jetzt; er folgt Gottes Stimme in seinem Inneren. Der Krieger ist im Einklang mit der Welt, er ist im Tao, im Dharma, in Ma'at, und deshalb ist seine Stärke die Stärke der Welt und er handelt ohne Anstrengung und jede Bewegung ist voller Eleganz wie der Sprung einer Katze und voller Freude wie ein Tanz.

Ein Krieger im Einklang mit der Welt hat für sein Handeln und seine Kraft keine Grenzen; er kann mühelos Dinge tun, die die Kraft und die Möglichkeiten des menschlichen Körpers weit übersteigen. Und dies ist kein poetisches Bild – dies ist ganz wörtlich so. Und es ist einfach: nicht sich anstrengen im Bewußtsein der Schwere der Aufgabe, sondern prüfen, ob man es tun will, und wenn man es tun will, es einfach mit einem Lachen tun. Samson, die Berserker, viele Budokas und noch manche andere haben dieses Geheimnis gekannt.

Die Stärke des Kriegers ist verwirklichte Freiheit; sie entspringt dem Erleben Gottes als des innersten Grundes aller Dinge, denn dann beginnt man aus Gott heraus zu leben und tanzt daher nun bewußt und in Harmonie den Tanz der Welt mit - und die Bewegungen der Welt und die eigenen Bewegungen werden eins ... dies ist das Geheimnis der Magie. Denn wer oder was könnte sich gegen die Bewegungen der Welt stellen und solch einen Tänzer, der im Einklang mit allem tanzt, behindern?

Diese Stärke des Kriegers entspringt dem Vertrauen in Gott. Sie gibt den Mut, sich zu öffnen und zu erleben, daß alles aus Gott heraus existiert. Und dieses Erlebnis ist der Geburtsmoment der Liebe zur Welt. Diese Liebe hält den Krieger in seinem Tanz im Gleichgewicht. Seine Liebe weitet ihn bis zu den Grenzen des Weltalls; sein Wille, seine konkretisierte Freiheit zentriert ihn im Hier und Jetzt. Seine Stärke gibt ihm den Halt, zu lieben ohne sich dabei zu verlieren. Gottes Strahlen ist die Quelle der Stärke, denn es gibt innere Orientierung.

Es gibt vieles, was einen daran hindern kann, ein Krieger zu werden: Sucht nach Ruhm, Machtstreben, Überheblichkeit, Selbstherabsetzung, Rechthaberei, Süchte aller Art ... und der falsche Umgang mit Fehlern. Alle Fehler, Irrtümer und Niederlagen sind hilfreiche Freunde, die einem zeigen, daß man vom Weg des Herzens und der Wahrheit abgewichen ist, und die einem raten, innezuhalten, zu schauen und auf den Weg zurückzukehren.

Buddha hat gesagt, daß man einen Erleuchteten an vier Eigenschaften erkennt: 1. an seinem Gleichmut, seiner Gelassenheit, 2. an seiner Barmherzigkeit, seiner Liebe zu allen Wesen, 3. an seiner Freundlichkeit, und 4. an seiner Freude. Dies sind auch die Eigenschaften eines Kriegers, denn ein Erleuchteter und ein wirklicher Krieger sind nicht zweierlei, sondern ein- und dasselbe.

Der Gleichmut entsteht aus der klaren Erkenntnis des Zieles, aus der entschiedenen Ausrichtung auf den Weg des Herzens. Alle Fähigkeiten werden für den Weg eingesetzt und sie werden solange geübt, bis man nicht mehr über sie nachdenkt und sie selbstverständlich geworden sind.

Wenn das Ziel und der Weg wirklich klar sind, gibt es nichts mehr, was einen ablenken könnte – selbst die Furcht vor dem Tod löst sich auf, wenn die eigene Richtung eindeutig geworden ist, denn dann gibt es nichts mehr, was einen zu einer Richtungsänderung veranlassen könnte. Somit wird aus der Furcht vor dem Tod die Möglichkeit, zu sterben, die aber einfach eine Tatsache ist, ein Teil des Weges, und die das eigene Verhalten nicht mehr beeinflußt. Man wird nicht mehr von seinem Weg abweichen, nur weil er mühsam und gefährlich werden könnte, denn wenn die Einsicht in das eigene Wesen tief genug geworden ist, gibt es nichts anderes mehr, was einen Sinn ergeben könnte, als seinen Weg zu gehen.

So wie sich das klare Erkennen des eigenen Weges die Todesfurcht auflöst, so löst sich auch die Sorge darüber auf, ob man sein Ziel erreichen wird oder nicht und ob man bei den Kämpfen auf seinem Weg Sieger oder Besiegter sein wird. Ein Krieger handelt in jeder Situation so, daß es seinem Wesen entspricht und er damit seinem Ziel so viel wie möglich näher kommt. Nichts anderes ist es, was einen Krieger ausmacht, und nichts kann ihn darin beirren.

Dies ist die Tugend des Gleichmuts eines Kriegers - es ist die Stärke, die darin liegt, beharrlich seinen Weg zu gehen.

Die Barmherzigkeit gründet in der Liebe zu allen Wesen, in dem Erleben der Einheit hinter der Vielfalt der Erscheinungen. Dadurch ist das entschiedene, klare Handeln nicht nur ein intensives Streben nach Selbstverwirklichung, sondern auch immer ein Gespräch mit allem anderem. Der Krieger bringt durch sein Handeln das Licht der Wahrheit in die Welt und dieses Licht im Bewußtsein aller Wesen zu erwecken, ist die größte Sehnsucht eines Kriegers, denn was kann eine größere Freude entstehen lassen, als durch das eigene Handeln diese allesverbindende Liebe Form annehmen und allen bewußt werden zu lassen.

Dies ist die Tugend der Barmherzigkeit eines Kriegers – unbarmherzig in allem nur das sich entfaltende Licht der Einheit zu sehen und der so entstandenen Vielheit mit dem Schwert der Klarheit dieses sich entfaltende Licht ins Bewußtsein zu rufen.

Die Freundlichkeit entsteht dadurch, daß ein Krieger alle Wesen und Dinge als Teile der Gestalt des Einen erlebt - und wäre es nicht unsinnig, wenn die rechte Hand die linke schlagen würde? So sucht der Krieger die Aufrichtigkeit, aber er meidet die Härte; er sucht die Klarheit, aber er meidet den Streit; er sucht die Direktheit, aber er meidet die Gewalt. Die innere Ruhe und der innere Frieden eines Kriegers werden so groß, daß niemand mehr einen Streit mit ihm beginnen wird.

Dies ist die Tugend der Freundlichkeit gegenüber allen Wesen - und diese Freundlichkeit ist die Stärke des Lebens aus der Einheit heraus und sie ist weit stärker als der rücksichtslose Kampf: das weiche Wasser wird den harten Stein besiegen. Die Freundlichkeit des Kriegers erinnert alle Wesen daran, daß sie alle miteinander verwandt sind, sodaß der Krieger schließlich keine Feinde mehr hat.

Die Freude entsteht aus dem Einklang zwischen Innen und Außen, Wille und Tat, Ich und Welt, Ziel und Weg. Der Gleichmut ist die Wurzel, die Barmherzigkeit der Stamm, die Freundlichkeit die Blätter und die Freude die Blüte des Lebensbaumes. Das Wasser, das den Baum wachsen läßt, ist das Ruhen in der Wahrheit; die Sonne, die ihm Leben gibt, ist das Handeln aus Gott heraus; und die Kraft, die ihn Gestalt annehmen läßt, ist die Liebe. Diese Haltung läßt den Krieger den Einklang mit allem erreichen.

Dies ist die Tugend der Freude eines Kriegers - er tanzt seinen Tanz und die Freude zieht alle, die ihn sehen, an und begeistert sie dazu, ebenfalls ihren Tanz zu tanzen, denn sie sehen klar und deutlich an den Bewegungen des Kriegers, daß es keine größere Freude geben kann.

Ares! Mars! Thor! Sachmet! Indra!
ich bitte euch, helft mir, ein Krieger zu werden
helft mir, meinen Blick von der Angst vor Bedrohung
  zum Mut zur Tat zu wenden
helft mir, in mich zu sehen
  und mich zu erkennen
helft mir, die Macht loszulassen, nach der meine Ängste streben
  und die Kraft zu finden,
    die aus Selbsterkenntnis entsteht

Ares,
ich opfere Dir meine Furcht, mich selbst zu sehen
  - statt außen für das zu kämpfen, was ich bin,
kämpfe ich noch immer innen gegen das, was ich bin
  ich opfere Dir alles das, wohinter ich mich selbst verborgen habe
ich opfere Dir mein Verharren an der Oberfläche,
  denn das entzweit mich und zerstreut mich
    - und ich will einsgerichtet werden
ich opfere Dir, was das Gedeihen meines Gartens verhindert
  was Wachstum und Entfaltung lähmt

Mars, stärke meinen Schildarm,
  damit ich Angriffe abwehren kann
stärke meinen Schwertarm,
  damit ich mein Ziel erreichen kann
gib mir Wachheit und ein klares Auge
  daß ich erkenne, wo ich bin und handeln kann
gib mir ein ruhiges Herz
  damit meine Taten von Weisheit erfüllt sind
schenke mir ein starkes Roß
  damit ich im Kampf nicht stürze
schenke mir Zeiten der Stille
  damit der Kampf nie Selbstzweck wird

Thor,
Du weißt, das nur der siegen kann,
  der nicht mehr an seine Bewegungen denkt
    Hilf mir, so zu kämpfen!
Du weißt, daß nur der siegen kann,
  der nicht mehr den Sieg anstrebt, sondern handelt
    Hilf mir, so zu kämpfen!
Du weißt, daß nur der siegen kann,
  der den Tod nicht mehr fürchtet
    Hilf mir, so zu kämpfen!
Du weißt, daß nur der siegen kann,
  der in allem nur noch das Licht des Herzens strahlen läßt
    Hilf mir, so zu kämpfen!
Du weißt, daß nur der siegen kann,
  der sanft und freundlich und voller Liebe zu Gott und zu der
  Schöpfung ist
    Hilf mir, so zu kämpfen!

Sachmet,
laß meine Hand nie eine Waffe führen
  ohne daß mein Auge klar ist
  und mein Herz die Waffe lenkt
laß meine Hand nie eine Waffe führen
  wenn meine Tat nicht von Liebe erfüllt ist
  und die Freiheit weckt
laß meine Hand nie eine Waffe führen
  wenn meine Tat kein Tanz voller Freude ist
  und mein Herz nicht in dem Licht des Einen ruht

Indra,
laß mein Herz in meinen Taten erstrahlen
und laß das Erkennen dieses Lichtes in allen Herzen
*   meinen einzigen Weg sein*
hilf mir zu sehen, daß die Taten aller Wesen
*   gemeinsam Gottes Tanz sind*
gib mir die Stärke, in Liebe zu dem Einen
*   ohne Wanken eine Geste in seinem Tanz zu sein*
*   und im Einklang mit ihm meine Grenze aufzulösen*
*   und aus dem Einen heraus zu tanzen*
*   - den einen Tanz der Freude*

X Lebensfeuer

Freude ist Schwingen, Mitschwingen, Resonanz. Lebenskraft ist Bewegung, Verwandlung, Entfaltung. Freude ist Lebenskraft im Einklang mit dem gestaltenden Wesenskern.

Disharmonie, Trübheit und Stockung führen zur Kälte und Erstarrung. Harmonie, Klarheit und Fließen führen zu Wärme und Entfaltung.

Leid ist der Weg von der Wärme zur Kälte, Freude ist der Weg von der Kälte zur Wärme. Erwärmung führt zur Freude, Freude führt zur Erwärmung. Die Befreiung des inneren Lebensfeuers ist die Quelle der Freude.

Mit den inneren Augen betrachtet, ist die Lebenskraft ein Feuer, das von dem untersten Chakra emporlodert. Mit den inneren Augen betrachtet, ist das Bewußtsein Licht, das von oberstem Chakra herabstrahlt. Beide vereinen sich im Herzen zum goldenen Licht der Sonne - erstrahlen im Tempel dessen, was sich in einem inkarniert hat, und lassen es deutlich im eigenen Bewußtsein erscheinen.

Das Feuer ist die Intensität der Bewegung, das Licht ist die Harmonie der Einheit. Beides verbindet sich im Herzen zur Freude des sich entfaltenden Wesenskernes. Das Feuer bewegt die sieben Chakren und das Licht leitet sie. Das Gebet zum Licht der Einheit und das Erwecken des Kundalinidrachenfeuers sind die Eltern des Erwachens.

Wenn der Einklang mit der Welt wächst, wird die Resonanz und die Freude größer und das innere Feuer beginnt heller zu lodern. Das Feuer ist ein fester Bestandteil des Weges - es ist die Kraft, sich auf ihm zu bewegen: es brennt still in dem heiligen Feuer in den Tempeln und den Kerzen in den Kirchen, es lodert bei den Feuerfesten auf Berggipfeln und in Steinkreisen, es flammt in der Magie der Feuerzauberer und in der Anrufung des Elias, es wogt um Mohammeds Gestalt und es wärmt und nährt in der Tummo-Meditation der tibetischen Yogis, es brennt im Jenseitsfeuer und in der Waberlohe, es leuchtet als Feuerschein um die Gestalt von Shiva und Buddha und als Heiligenschein um die Häupter der Erleuchteten – die Feuerlohe ist die Kraft der Magie, die Feuerlohe ist Gottes Segen.

Dies Feuer ist in allem, es ist die Lebensschwingung, die Lebenskraft; und diesem Feuer in allem kann man sich öffnen und die Kraft in Bäumen, Tieren, Bergen, Sternen spüren und mit ihr schwingen und die Wärme und Freude der Begegnung wecken und die Bewegung dieser Begegnung tanzen und sie durch das Bewußtsein der Einheit lenken. So nähert man sich Shiva, dem tanzenden Gott des Feuers und der Erleuchtung.

In der Tiefe der Erde
glüht ein Feuer, heiß und rot
In der Tiefe der Erde
haust ein Drache, flammend und groß

Am Grunde meines Leibes
glüht ein Feuer, heiß und rot
Am Grunde meines Leibes
dreht eine Schlange ihre Kreise, flammend und groß

Drache, Vulkanbewohner, Lavageborener
entzünde das Feuer in mir
Drache, Vulkanbewohner, Lavageborener
entflamme und umlohe mich

Kundalinischlange, Lebensquell
entzünde das Feuer in mir
Kundalinischlange, Lebensquell
drehe Dich, ringle Dich, steige auf

Fülle Dein verborgenes Heim am Grunde meines Leibes
mit Deinem und mit meinem Atem
und steige auf in die Höhle

Beginne dort Deinen Tanz unter meinem Nabel
im Rhythmus meines Mantras und Deines Schlängelns
und laß das Feuer kreisen und sich drehen

Komm herauf auf die Ebene unter meinen Rippenbögen
und laß die Funken Deiner Glut sprühen
wie flüssiges, fließendes Silber,
das die Pflanzen zum Leben erweckt

Steige auf in den Tempel meines Herzens
werde Flamme auf dem Altar der Liebe
werde warmes, füllendes Leuchten, das den Einen ruft

Gehe weiter auf dem Bergpfad meines Halses hinan
strahle in die Weite, den Bergen ringsum zum Gruß
um allen Feuern der Welt die Hand zu reichen

Erklimme den hohen Gipfel zwischen meinen Brauen
werde roter, klarer, glühender Feuerpunkt
einsgerichtet und pulsierend die Weite ermessend
und die Richtung bestimmend

Willkommen im wolkenlosen Himmel meines Scheitels
Feuer – verwandelt in Licht
Kraft – verwandelt in Bewußtsein

Willkommen in Deiner Bestimmung
Willkommen in Deiner Wurzel
Willkommen in Deiner Krone

Willkommen in Deiner Erfüllung:
der Tanz der Freude zu sein
und mich in diesen Tanz zu verwandeln

XI Wunder

Freude ist stärker als Starre, Freiheit ist ursprünglicher als Gesetz - hierin liegt die Möglichkeit, Wunder zu wirken.

Fast jeder kennt das Erlebnis, daß man sich ohne ersichtlichen Grund umdreht und dann sieht, daß jemand einen angeblickt hat - man hat sich beobachtet gefühlt. Dieser einfache Vorgang zeigt, daß es in der Welt noch andere Regeln und Zusammenhänge gibt als die physikalischen Gesetze.

Dieses kleine Beispiel hat viele kleine und größere Geschwister: Gedankenlesen, Astrologie, Kartenlegen, Feuerlaufen, Geistheilung, ohne Nahrung leben ... Und wenn man die Berichte über Heilige, Weise, Erleuchtete und andere Menschen, die nach dem Erleben der Einheit hinter der Vielfalt gestrebt haben, findet man schließlich das Überleben im Feuerofen oder in der Löwengrube, das monatelange Meditieren ohne Nahrung und nur mit einem Baumwollgewand bekleidet im Himalayawinter, das Gehen über Flüsse und Seen, das Fliegen in der Luft, das Gehen durch massive Felsen, das Erwecken von Toten und ähnlichen Wundern.

Den Männern und Frauen, die diese Dinge vollbracht haben, haben sich alle nicht als die Mitte ihres Lebens gesehen, sondern sich ganz der Einheit hinter allen Erscheinungen hingegeben, der sie viele Namen gaben: Jahwe, Gott Vater, Allah, Re, Brahma, Nirvana, Wakan Tanka ... Und sie haben diese Wunder immer als Werke dieses Einen erlebt und beschrieben.

Die Wunder, die Moses, Elias, Buddha, Milarepa, Christus, Al-Hallaj und andere vollbracht haben, ähneln sich sehr und es läßt sich auch im Verlauf der Zeit auch nur eine Veränderung feststellen: Während in der ältesten Zeit (in der Bibel bis ca. Elias) die Taten der Macht wie z.B. Moses Zauberkampf mit den Magiern des Pharaos im Vordergrund stehen, überwiegen in späterer Zeit die Taten der Nächstenliebe wie z.B. Heilungen. Dies stellt aber wohl keine Veränderungen der Möglichkeiten dar, sondern hängt mit der allgemeinen Weiterentwicklung der Menschen zu einem bewußteren und reiferen Umgang mit dem Verhältnis zu anderen Menschen zusammen: der Entstehung der christlichen Nächstenliebe, des buddhistischen Boddhisatva-Ideals und des islamischen "Feuers des Herzen".

Unterschiede lassen sich im Zusammenhang mit der Einstellung der "Wundertätigen" erkennen: Die meist unbewußt entstandenen parapsychologischen Phänomene sind meist für den, der sie erlebt, neu und beeindruckend, aber ansonsten nicht weiter wichtig. Die willentlich produzierten Phänomene der Magie wie Beschwörungen oder Astralreisen, die aus dem Wesenskern einer Person heraus entstehen, sind schon spektakulärer. Die eigentlichen "Großen Wunder" wie die Auferweckung von Toten oder das Gehen durch Felswände findet sich jedoch nur bei Menschen, die sich ganz dem Einen hingegeben haben.

Die "Größe" der Wunder nimmt also umsomehr zu, je mehr man sich auf das Eine einstimmt. Das Eine ist die Freiheit und je mehr man mit dem Einen in Resonanz kommt, desto mehr werden die eigenen Taten von dieser Freiheit und umsoweniger von den physikalischen Gesetzen der Vielheit bestimmt - man beginnt kreativ zu handeln.

Gleichzeitig nähert man sich auch immer mehr der Liebe an, die die Erinnerung an die Einheit aller Dinge ist, weshalb die Taten auch immer mehr von Liebe und einem geweiteten, reifen Egoismus bestimmt werden.

Durch die Annäherung an die Freiheit, die eine Eigenschaft der Einheit ist, kann das Handeln immer umfassender über die eigenen physikalischen Grenzen hinaus zu wirken beginnen; und durch die Annäherung an die Liebe, die die Bewußtwerdung der Einheit im Einzelnen ist, bezieht das Handeln immer mehr Wesen in seine Handlungsmotivation mit ein. Durch diese beiden Ausdehnungen, die der Möglichkeiten und die der Motivation, entsteht ein immer größerer Bereich der Harmonie und der Resonanz und dies ist wiederum der Quell von immer umfassenderen und tieferen Ebenen der Freude.

Adler des Lichtes!
Bote des Zeus!
Reittier des Vishnu!
   Komm! Komm!
      Löse die Ketten an meinen Glieder,
      Löse die Fesseln an meinen Sinnen,
      Wehe mit Deinen gewaltigen Schwingen
      den Nebel fort, der meinen Geist trübt!

Himmelsfalke!
Wächter des Weltenbaumes!
Formgewordener Wille des Einen!
   Komm! Komm!
      Komm mit Deinen vielen Brüdern und Schwestern
      und hilf uns, unsere Freiheit wiederzuerlangen,
               unsere Herzen in Hingabe an den Einen zu
                  entflammen,
                  unseren Geist durch die Erinnerung an die
                     Einheit zum Tanz zu begeistern

Engel!
Führer zum Himmelstor!
Begleiter auf der Regenbogenbrücke!
   Komm! Komm!
      Helft uns, die Mauern zu sprengen,
         die unsere Sicht und unser Wollen und unser Tun beschränken
      Helft uns, zugleich das Eine und das Einzelne zu werden
               zugleich Schöpfer und Schöpfung zu sein
      Helft uns, in Freiheit zu leben!

XII Helfer

Freude entsteht aus der Resonanz zwischen zwei Dingen, die auf denselben "Ton" gestimmt sind. Daher ist Freude immer eine Weitung. Diese Weitung entsteht durch ein sich-öffnen, durch das Loslassen von Starre und Sucht, durch das Integrieren von Getrenntem.

Die Resonanz verbindet, zunächst ohne Grenzen aufzulösen, und stärkt dadurch beide Teile, die miteinander schwingen. Diese beiden miteinander in Resonanz stehenden Teile können auf gleicher Ebene stehen, z.B. wenn sich zwei Menschen begegnen. Sie können aber auch "verschieden groß" sein, wobei es zwei Möglichkeiten gibt: kleiner oder größer als das Ich. Zum einen kann es das Ich, der Wesenskern einer Person sein, die einen Teil ihrer Psyche, z.B. ihre Angst vor Beziehungen, integriert; zum anderen kann es aber auch das Ich sein, das sich in einen größeren Zusammenhang stellt.

Diese zweite Möglichkeit wird in fast allen Religionen als das wichtigste Hilfsmittel auf dem Weg zum Erleben der Einheit aller Dinge angesehen - es ist die Hingabe, die Liebe zu Gott, die Verehrung eines Lehrers, die Dikr-Herzmeditation der islamischen Sufis, der Bakhti-Yoga des Hinduismus, das "Feuer des Herzens".

Diese Hingabe ist kein Widerspruch zu der angestrebten Selbständigkeit, denn der Hingabe geht die Prüfung des eigenen Zieles voraus und ebenso die des Zieles dessen, der eine so anziehende Wirkung auf einen ausübt. Stimmen beide Ziele überein, entsteht Liebe und Resonanz und Segen, und die Grenzen zwischen Ich und Du lösen sich in dieser Begegnung auf und beide werden eins. Dadurch erhält der, der sich hingibt, die Stärke und Weisheit und die Liebe und die Lebenskraft dessen, dem er sich hingibt, als Geschenk.

Die Übereinstimmung des Zieles und zum Teil auch der Vorgehensweise ist wichtig, da sonst keine Resonanz entstehen kann. Gute Lehrer erkennen, ob jemand, der sie um Rat und Segen fragt, wirklich ihr Schüler sein kann. So wurde der tibetische Yogi Milarepa mehrmals von einem Lama zu einem anderen Lama weitergesandt, weil diese Lamas erkannten, daß sie nicht Milarepas Lehrer sein konnten, weil ihre Lehren und ihr Segen bei ihm keine Früchte tragen würden.

Wenn man in der Meditation oder im Gebet darum bittet, seinen Lehrer zu treffen und eine Verbindung zur Einheit aller Dinge zu erhalten, wird man auch eine Antwort erhalten. Wichtig sind dabei - wie bei fast jeder Magie und jeder anderen Sache - vor allem eine klare Absicht und ein brennender Wunsch.

Bei diesem Ruf um Hilfe ist es auch förderlich, wenn man sich über die Illusion der eigenen Grenzen schon ein wenig klar geworden ist. Spätestens das Erlebnis der inneren Vereinigung mit einem anderen Wesen, das zunächst meist der eigene Schutzgeist sein wird, durch die Hingabe löst die Vorstellung, daß das Tagesbewußtsein die Wurzel des eigenen Wesens sei, auf. Das Ich erscheint zunehmend als ein Tropfen im Meer, als ein Knotenpunkt in einem großen, gewebten Muster: nicht mehr die Grenzen definieren das eigene Wesen, sondern die innere Qualität.

Diese um Rat und Segen angerufenen "Helfer auf dem Weg zur Einheit" sind zum einen Gottheiten und zum anderen Menschen, die auf diesem Weg schon viel weiter fortgeschritten sind. Diese Gottheiten sind alle erleuchtete, gottgleich gewordene Menschen, deren Biographie von der Motivfolge "Erkenntnis - Einweihung - Suche - Selbstopfer - Erleuchtung - Helfen" geprägt ist: Osiris, Innana, Persephone, Moses, Buddha, Krishna, Elias, die weiße Büffelfrau der Dakotas, der Gott Obatale der Yorubas in Westafrika, Christus, Mohammed, Milarepa ... Sie alle sind mit dem Tod und der Auferstehung verbunden und sie alle lehren ein Leben aus Gott heraus.

Ihre Geschichten sind alle sehr ähnlich und auch ihre Ziele und ihre Lehren, und wenn man sie in der Meditation erlebt, strahlen sie alle dieselbe Qualität aus. Da ihr Ziel die Einheit ist und sie aus dieser Einheit heraus leben, stehen sie in Resonanz miteinander, sind sie Geschwister geworden.

Da der eigene Wesenskern dieselbe Qualität wie diese Erleuchteten hat - die Sehnsucht nach der Einheit - schwingt er mit ihnen mit. Nach einiger Zeit kann man dies dann differenzierter wahrnehmen und wird eine besondere Verwandtschaft zu einem von ihnen empfinden und neben dieser verwandtschaftlichen Gemeinsamkeit in dieser speziellen Verbindung auch die Ähnlichkeit mit der eigenen individuellen Ausformung dieser Qualität wiedererkennen.

Es entsteht dann ein Bild wie von einem Fluß, der aus Gott entspringt und sich immer weiter verzweigt: Gottes Einheit - der Einklang mit Gott als die Qualität der Erleuchteten - ein spezieller Erleuchteter, der dem eigenen Stil ähnlich ist - der eigene Wesenskern - der derzeitige psychische Zustand - die eigene Handlung gerade Hier und Jetzt. An jedem "-" zweigen, von Gott aus gesehen, viele andere Möglichkeiten ab (außer bei dem ersten "-"), von der jeweils eine Gott mit der eigenen Tat verbindet.

Wenn man beginnt, entschlossener nach der Einheit, nach der Quelle aller Freude zu streben, strahlt schon dieser Entschluß aus und schafft Verbindungen zu anderen Menschen und bisweilen auch zu Lehrern, Heilern oder Yogis, die bereits verstorben sind. Diese Verstorbenen bilden gewissermaßen den Übergang zwischen den lebenden Lehrern und den Gottheiten des Todes und der Auferstehung.

Die Verbindungen zu solchen Lehrern ergeben sich mühelos, wenn man beginnt, den Weg zur Einheit zu gehen, denn alle, die diesen Weg vor einem gegangen sind und sein Ziel erreicht haben, sind eins mit diesem Weg geworden und helfen nun allen, die ihnen auf dem Weg folgen wollen: Osiris hilft allen Verstorbenen, wie er selbst vor dem Jenseitsgericht zu bestehen und den Weg ins Paradies zu finden; Buddha erlangte die Erleuchtung und wurde zum Boddhisatva, der allen Wesen zur Erleuchtung verhelfen will; und Christus sagt: "Ich bin der Weg und die Wahrheit und das Leben."

Die Hilfe, die man von ihnen erhalten kann, besteht aus zwei Teilen: aus dem Rat und aus dem Segen, oder, auf die etwas technischere Art der Tibeter formuliert, aus der Belehrung und der Kraftübertragung. Der Rat beschreibt den Weg und richtet sich an den Verstand und den Willen und das Gefühl, während der Segen die Lebenskraft des eigenen Körpers formt und Fähigkeiten vermittelt. So kann man z.B., wenn man dafür bereit ist, durch eine solche Kraftübertragung die Fähigkeit, alle Gedanken, Gefühle und Bilder im eigene Inneren verstummen zu lassen und als reines Bewußtsein in der Aufmerksamkeit und der Stille zu ruhen, als Geschenk erhalten.

Auch im Christentum gibt es zwei sehr bekannte Kraftübertragungen: zum einen die Taufe Jesu durch Johannes, bei der Jesus mit dem Heiligen Geist in der Gestalt einer Taube verbunden wurde, und zum anderen die Ausgießung des Heiligen Geistes in der Gestalt von Flammenzungen, die den Aposteln, wie ihnen von Christus versprochen wurde, durch ihn aus dem Jenseits heraus gesandt wurde.

Der Rat, wie mit solch einer Hilfe sinnvoll umgegangen werden kann, wird in den indischen Upanischaden ganz schlicht formuliert: "Höre den Rat, prüfe den Rat, und - wenn Du ihn für gut befunden hast - folge dem Rat und übe die Meditation." Das Prüfen des Rates dient der Erhaltung der

Selbständigkeit und der eigenen Integrität; und das Üben der Meditation dient dem Wachsen und Gedeihen und sich zu eigen machen dessen, was man in der Kraftübertragung erhalten hat.

Milarepa nahm einmal seinen Schüler Rechungpa bei einem Abschied zur Seite und sagte ihm: "Da wir uns jetzt lange nicht sehen werden, will ich Dir noch eine geheime Einweihung gewähren, die ich noch niemandem gewährt habe." Rechungspas Herz schlug vor Freude höher und er blickte seinen Lama erwartungsvoll an. Da drehte Milarepa ihm seinen Rücken zu, hob sein Baumwollgewand und zeigte ihm die Schwielen, die auf seinem Hintern vom langen Meditieren auf hartem Stein entstanden waren, und sagte zu Rechungpa: "Üben! Üben! Üben!"

Die Lehren und Meditationen der verschiedenen Traditionen sehen auf den ersten Blick recht unterschiedlich aus, aber sie enthalten alle folgende Elemente, wobei es sehr unterschiedlich sein kann, welche im Vordergrund und welche im Hintergrund stehen:

- die Einheit aller Dinge, denn sie ist das Ziel;

- die Gottheit des Todes und der Auferstehung, denn sie ist der Weg;

- die Liebe, denn sie ist der Quell der Hingabe, der einen mit der Gottheit des Todes und der Auferstehung verbindet;

- das Feuer, denn dies ist die sich weitende Resonanz, die anwachsende Lebenskraft;

- der Wille, denn er ist die Quelle des Entschlusses, Gott zu suchen, und er wird auf dem Weg zu Gott von der Illusion der Ichbezogenheit befreit;

- die Freiheit, denn ihr begegnet man bei jeder Weitung, und sie ist der Ursprung der parapsychologischen Phänomene, der Magie und der Wunder;

- der Stärke, denn sie entsteht, wenn man sich Gott nähert und erkennt, daß Gottes Wille und der eigene Wille eins sind: "Dein Wille geschehe!";

- die Vereinigung mit der Gottheit des Todes und der Auferstehung, denn diese Vereinigung ist identisch mit dem Betreten des Weges zu Gott, wodurch man auch selber ein Teil dieses Weges zu werden beginnt;

- das Mantra, denn dieser ständig wiederholte Satz oder Wort, der das Ziel und den Weg zu ihm ausdrückt, ruft im Laufe der Zeit eine immer stärker werdende Resonanz mit dem Ziel hervor;

- das Gebet, denn das Gespräch mit der Gottheit des Todes und der Auferstehung klärt und reinigt und zentriert und läßt die Liebe und die Hingabe zu der Gottheit immer stärker leuchten;

- die Hingabe, denn ohne sie bleibt man in der Theorie und wird über den Weg nur nachdenken, aber ihn nicht betreten und sich nicht der Gottheit und über diese der Einheit öffnen;

- das Opfer, denn eine Entwicklung kann nur möglich sein, wenn man bereit ist, Irrtümer, Falsches und Veraltetes, Süchte und Ängste, Starres und Zerfließendes zu opfern und der Gottheit in die Hände zu legen, damit dieses Opfer von ihr wieder in seine ursprüngliche Gestalt zurückverwandelt werden kann;

- die Anrufung, denn ohne die Sehnsucht und das Rufen nach der Gottheit im Gebet wird sie nur selten zu einem kommen;

- der Lehrer, denn die Hilfe durch einen Lehrer macht den Weg deutlich leichter.

Die Wirkungen dieser Lehren und Meditationen sind die Hitze des Feuers, das Licht der Bewußtheit, das Erwachen des Herzchakras, die grenzenlose

Freude über alles, was geschieht, und das Erwachen aus dem Alltagsbewußtsein. Auch von magischen Fähigkeiten und Wundern berichten alle Traditionen, wobei sie alle betonen, daß man nicht an diesen Effekten haften bleiben, sondern seine Meditationen fortführen sollte. So sagt z.B. Christus nach der Rückkehr der von ihm zur Heilung und Dämonenaustreibung ermächtigen siebzig Jünger in Johannes 10, Vers 19-20: "Sehet, ich habe euch Macht gegeben, zu treten auf Schlangen und Skorpione, und über alle Gewalt des Feindes; und nichts wird euch beschädigen. Doch darin freuet euch nicht, daß euch die Geister untertan sind. Freuet euch aber, daß eure Namen im Himmel geschrieben sind."

Ein alter tibetischer Lama hat den Wert eines Lehrers für die eigene Suche nach der Einheit einmal so beschrieben: "Tiefer, tiefer Abgrund - schwer hinunterzukommen, noch schwerer hinauf. Plötzlich ist da eine Brücke: das ist ein Boddhisatva."

Christus,
Wegbereiter für alle, die nach dem Einen suchen
ich kann Deine Gegenwart spüren
komm zu mir, öffne meine Augen, mein Herz
daß ich Dich sehen kann

Dein Gewand leuchtet weiß
und Dein Antlitz und Deine Glieder leuchten golden
Du stehst in der Säule aus Feuer und weißem Licht
in der Säule des einen
und bist von dem Licht und dem Feuer erfüllt
von dem Einen ganz und gar erfüllt
und strahlst das formgewordene Licht des Einen aus

Du hast den Segen des Johannes erhalten
und Du hast in der Wüste gefastet und gebetet
bis Du eins wurdest mit dem Einen
so wurdest Du selber zu einem Teil des Weges zu dem Einen
- eine Brücke zwischen ihm und uns
Du gabst dem Weg die Wärme der Liebe
so wie Elias ihm die Macht gab
und Moses das Gesetz
so wie Buddha ihm die Klarheit gab
und Lao-tse das Lächeln
so wie Echnaton ihm die Erkenntnis gab
und Krishna den Tanz
so wie Mohammed ihm die Entschiedenheit gab
und Pte-san-win die Geborgenheit
so wie Zarathustra ihm das Feuer gab
und Osiris die Ruhe
Ihr Goldenen, ihr Brüder in Gott
ihr seid die Führer auf dem Weg
ihr seid der Weg

Christus-Buddha-Krishna
  komm zu mir vom Land der Sonne
  komm zu mir über den See meiner Psyche
  komm zu mir hier zu Deinem Altar
Ich opfere Dir alles, was mich von dir trennt
  bitte nimm dieses Opfer an
  und verwandle es in seine wahre Gestalt
Ich opfere Dir alles, was mich von einem Leben aus Gott heraus trennt
  bitte nimm dieses Opfer an
  und verwandle es in seine wahre Gestalt

Christus-Buddha-Krishna
  Dein Licht erstrahlt bis zu mir
  und hüllt mich ein
  und weckt das Licht in meinem Herzen
Christus-Buddha-Krishna
  meine Arme sind weit geöffnet
  und weit geöffnet ist auch mein Herz
Dein Licht, Dein Strahlen
  wird eins mit dem Licht in meinem Herzen
Deine Gestalt wird eins mit mir
  Es ist keine Grenze mehr zwischen dir und mir
  Ich liebe Dich
  Du bist ich, ich bin Du
  Wir sind ein goldenes Licht
Und die innerste Quelle des Goldenen Lichtes wächst
  und wird klarer und weitet sich aus
Liebe zu dem einen
Auflösen der Grenzen

Eins

Und die Liebe zu dem einen
ist eins mit der Liebe zur Welt
denn der Eine und die Welt ist nicht verschieden
sie sind nur das Innen und das Außen dessen, was ist

XIII   Gott, Seele und Welt

Freude ist Weitung, und der Weg zur Einheit ist Weitung - Freude ist das Wesen des Weges. Auf ihm wird Starre in Bewegung, und Leid in Glück verwandelt.

Der Weg beginnt in der Vielheit des "normalen Alltags" und er endet in der Einheit und seine Mitte ist die Begegnung mit dem eigenen Wesenskern, der Seele. So wie man einen Weg, den man gegangen ist, in Erinnerung behält, so trägt man auch auf diesem Weg alle Orte in sich, an denen man gewesen ist, und ist am Ende zugleich Vielheit, Seele und Einheit. Jeder dieser drei Bereiche hat seinen eigenen Charakter, der jeder für sich real ist und gelebt wird.

Die Einheit ist weißes Licht, klares Licht oder glänzende Schwärze; sie ist überall gleich, nirgends geteilt oder anders. Sie ist Gleichmut und Gelassenheit, Bejahung, Freude und Frieden, sie ist das erfüllte und erfüllende "Ich bin" - sie ist der Grundton der Welt, Gott Vater, Allah, Jahwe, Nirvana, Brahma ...

Die Seele ist das Zentrum, das Verbindende, die goldene, strahlende Sonnenkugel. Sie ist das eigene Lied, das alles gestaltet. Sie ist vom Wesen her Christus, Krishna, Buddha, Baldur, Osiris ...

Der Körper ist der eigene Anteil an der Welt. Er handelt und erhält sich am Leben.

Zwischen Einheit und Seele sowie zwischen Seele und Körper ist jeweils ein Übergangsbereich deutlich erkennbar:

Das Kontinuum zwischen Einheit und Seele ist wie der Chor der Vielfalt, Konturen im Licht; er ist die Grenze, wo die Einheit sich in die Vielheit zu entfalten beginnt. Das Kontinuum ist das Tor zum Paradies, an dem der Erzengel Gabriel und Petrus Wache stehen. Es ist die Regenbogenbrücke Bifröst, die in der germanischen Mythologie von Midgart, der Erde der Menschen, nach Asgart, der Welt der Götter, in den Himmel führt.

Der Lebenskraftkörper zwischen Seele und Körper ist wie eine Flammenaura, in der die Chakren die Organe sind. Er belebt und bewegt und er ist die Vielzahl der Schritte des Lebenstanzes, der Farben im eigenen Bild, der Verse des eigenen Lebensliedes. Er ist das Ankh, das Prana, der Heilige Geist.

Diese fünf Bereiche ergeben in der Meditation ein komplexes Bild, das aber grundlegende Erfahrungen zusammenfaßt und darstellt und daher durch eigene Meditationserlebnisse zunehmend plausibler und selbstverständlicher wird:

Im Bereich des Körpers ist man sein physischer Leib, der in der Meditation dasitzt oder vielleicht auch tanzt. Dieser Körper wird von dem Lebenskraftkörper wie von einer flammenden Aura umgeben und durchdrungen, so wie man es oft bei Shiva, Buddha und Mohammed dargestellt sieht. Die Seele ist in diesem Bild eine leuchtende, goldene Sonne voller Liebe, die als goldene Kugel, deren Mitte das Herzchakra ist, in die Umgebung ausstrahlt. Das Kontinuum ist ein Regenbogen, unter dem man sitzt, sowie die Gestalt der Gottheit des Todes und der Auferstehung, die den eigenen physischen Körper einhüllt und umgibt. Die Einheit schließlich ist das grenzenlose, weiße Licht auf dem Grunde aller Dinge.

Dabei ist das weiße, endlose Licht die Quelle, aus der heraus der Regenbogen und die Gestalt der Gottheit entsteht. Aus dem Regenbogen und der Gottheit entfaltet sich dann wiederum als nächstes die goldene Kugel, die sich dann mit der Flammenaura umgibt, die dann zum Schluß den physischen Leib erschafft. Diesen Schöpfungs- und Integrationsvorgang kann man sich auch als gleißend-weißen Blitz vorstellen, der aus dem endlosen weißen Licht heraus durch den Scheitel in den eigenen Leib niederfährt und ihn ausfüllt und leuchten und ihn in die Umgebung erstrahlen läßt. Dieser Blitz löst den vermeintlichen Kerker der Sachzwänge auf und führt einen in die innere, schöpferische Haltung zurück. Die Imagination des Blitzstrahles ist eine Bitte um Gottes Segen.

Das Bild des weißen Lichtes, des Regenbogens, der Sonne, der Flammenaura und des Körpers entfaltet sich zum einen in der Meditation nach und nach in der einen oder anderen Abwandlung von selber, und zum anderen hilft seine Visualisation, die entsprechenden Erfahrungen hervorzurufen. Ähnliche Bilder sind die sieben Chakren des Yoga und die fünf Sephiroth der Mittleren Säule der jüdischen Kabbalisten.

Der Vorgang der Erkenntnis, der Weg von der Vielheit zur Einheit, wird im Yoga und in der Kabbala als die aufsteigende Schlange der Weisheit, als der Kundalinifeuerdrache dargestellt. Das Bild für den Vorgang der Schöpfung und des Segnens ist in der Kabbala wie in vielen Religionen der Blitz, im Yoga der leuchtend weiße Bindu-Tropfen, der vom Scheitel aus die Chakren herabsinkt, und im tibetischen Buddhismus die Vase, aus der bei der Einweihung Licht auf den Scheitel des Schülers ausgegossen wird.

Dieser Vorgang der Schöpfung, die Orientierungsrichtung von der Einheit hin zur Vielfalt, ist auch der natürliche Zusammenhang zwischen den fünf Ebenen: aus Gott heraus leben - auf den Grundton der Welt gestimmt sein Lied singen.

Eine bekannte Methode, den Weg der Schlange der Weisheit zu gehen und einen Kontakt zu der Einheit zu erhalten, ist das "durch die Ebenen aufsteigen", das man unter anderem in der Kabbala, in Josefs Himmelleiter-Traum im Alten Testament, in den Tattwa-Reisen, in den Methoden von Sri Nisargadatta, in der Symbolik der Mithras-Leiter, des Turmes und des Weltenbaumes sowie der Pyramiden in Mesopotamien, Ägypten und Mittelamerika findet.

Eine der einfachsten Vorgehensweise dabei besteht in der Vorstellung von fünf hintereinander liegenden Räumen, die die Vielheit, die Lebenskraft, die Seele, das Kontinuum und die Einheit darstellen. Ein Thema oder Problem, das man sich in dem ersten Raum, der die materiellen Vielfalt darstellt, betrachtet, ändert sein Aussehen, sobald man in den dahinterliegenden Raum der Lebenskraft zurücktritt und es von dort aus betrachtet. So kann man noch dreimal in den dahinterliegenden Raum treten, bis man es vom Standpunkt der Einheit aus sieht.

Dieser eher einfache Vorgang kann recht effektiv sein. Die klassische Form dieses Rituals ist das Hinaufsteigen auf eine Leiter oder eine Pyramide. Eine moderne Form davon ist der "Transzendenz-Prozeß", in dem zu den fünf Räumen noch ein weiterer hinzugefügt wurde, der als das Erkennen des Potentials in dem betrachteten Thema definiert ist und sehr hilfreich ist. Dieser zusätzliche Raum würde in dem klassischen Bild der Pyramide dem Himmel selber entsprechen.

Die häufigste Form, anschließend an den Erkenntnisvorgang, das Wesen der Einheit in seinem materiellen Alltag zu manifestieren, ist das "Herabziehen des Lichtes", wobei dies oft mit der Haltung des Magiers auf den meisten Tarotkarten verbunden ist: die rechte Hand empfangend zum Himmel emporgehoben und die linke Hand segnend zur Erde hinabgestreckt. Die Vorstellung dabei ist hernniederfließendes weißes Licht, der Blitzstrahl, der leuchtende Regen oder ein ähnliches Bild des Segnens.

Von dem um 1150 in Nordindien lebenden buddhistisch-tantrischen Yogi Naropa, dem Lehrer des Lehrers von Milarepa, ist eine Beschreibung des

Stimmens der vier "unteren Ebenen" auf den Grundton der Einheit überliefert:

Das verursachende Element in dem ganzen Vorgang ist die Hitze der Tummo-Meditation, die den weißen, leuchtenden Tropfen im Scheitelchakra zum Schmelzen bringt. Dasselbe Motiv von aufsteigendem Feuer und herabgerufenem Licht findet sich unter anderem auch im Caduceus, dem Hermesstab, an dem sich zwei (Feuer-) Schlangen emporringeln und von dessen Spitze die Sonnenscheibe herniederstrahlt. In der christlichen Symbolik sind dies der Feuerdrachen und der Engel, wobei sie sich hier meistens bekämpfen statt zu vereinen.

Wenn man sich der Einheit, also des weißen "Bindu"-Tropfens in seinem Scheitelchakra bewußt geworden ist und dieser leuchtende weiße Tropfen durch das Feuer der Tummo-Meditation geschmolzen und bis zum Halschakra herabgestiegen ist, entsteht die "Normale Freude" dadurch, daß sich nun das Kontinuum wieder auf den Grundton der Welt eingestimmt hat.

Wenn das Tummo-Feuer weiter wächst und noch heißer wird, steigt der weiße Bindu-Tropfen bis zum Herzchakra herab und läßt die "Höchste Freude" entstehen, da sich nun die Seele auf das Kontinuum eingestimmt hat, das sich seinerseits schon in Resonanz mit dem Grundton der Einheit befindet.

Wenn das Tummo-Feuer nun noch weiter wächst und noch heißer wird, steigt der Bindu-Tropfen aus leuchtendem weißem Licht bis in das Hara herab und läßt die "Außergewöhnliche Freude" entstehen, da sich nun auch das Hara auf das Herzchakra und über dieses und das Halschakra auf den Grundton der Welt eingestimmt hat.

Schließlich kann das Tummo-Feuer so groß und heiß werden, wie es Milarepa in seinem monatelangen Meditationen im Schnee des Himalaya gezeigt hat, daß der leuchtende weiße Bindu-Tropfen durch den ganzen Körper bis in das Wurzelchakra hinab sinkt und dadurch die "Gleichzeitig vorhandene Freude" entstehen läßt, die dadurch entsteht, daß nun alle Chakren vom Wurzelchakra bis hinauf zum Scheitelchakra auf den Grundton der Welt eingestimmt sind.

Diese höchste Freude heißt "Gleichzeitig vorhandene Freude" weil man sich in ihr gleichzeitig der Einheit und der Vielheit bewußt ist. Auf diesen Zustand weisen auch der tibetisch Buddhistische Spruch aus dem Herz-Sutra "Leere ist Form und Form ist Leere" sowie die jüdisch-kabbalistische

Weisheit "Kether ("Krone": Einheit/Gott) ist Malkuth ("Königreich": Vielheit/Welt) und Malkuth ist Kether" hin.

Um diesen Weg gehen zu können, sollte man immer wieder Buddhas vier Ratschläge zum Erreichen einer Veränderung beherzigen, die in heutiger Sprache ungefähr wie folgt lauten würden:

1. Prüfe Deine Motivation. Was willst Du? Wer bist Du? Schaue hinter die Oberfläche Deiner Motivationen - was liegt dahinter als größter Wunsch verborgen? Höre nicht auf zu fragen, bis Du spürst, daß die Antwort aus Deinem Herzen kommt.

2. Fasse den Entschluß, dieser Motivation zu folgen und dieses Ziel zu erreichen. Prüfe Deine Motivation so lange, bis Dein Entschluß felsenfest und kristallklar und lebendig geworden ist, weil Du siehst, daß jedes andere Verhalten und Streben offensichtlich sinnlos ist.

3. Vertraue darin, daß Du Dein Ziel erreichst. Schaue, was Dein Vertrauen stärken kann und betrachte es. Dazu ist alles geeignet, was die Zusammenhänge zwischen Innen und Außen, zwischen Mensch und Welt, zwischen Bewußtsein und Materie beschreibt: parapsychologische Phänomene, Orakel, Astrologie, Magie, Wunder, erhörte Gebete, sinnvolle Zufälle - alles was zeigt, daß das, was einem von außen begegnet, dem eigenen inneren Zustand entspricht. Dieser Zusammenhang ist das Tor zum Vertrauen.

4. Wende die Dir am sinnvollsten erscheinende Methode zum Erreichen Deines Zieles an und bitte in der Meditation darum, allen Rat und allen Segen zu erhalten, den Du brauchst, um Deine Methode zu verbessern und so Dein Ziel zu erreichen. Und dann sei beharrlich in der Methode und übe. Dann wird Dein Fortschreiten auf Deinem Weg zu Deinem Ziel sich in Dir in Freude entfalten.

Tanze, halte nichts, genieße alles
sei innen eins und alles
sei außen hier und jetzt
dann entfaltet die größte Freude Dein Herz
und alles und alle um Dich her

Ho! So ist es.